JN256230

うちにごはんを食べに来ない？

「食」のエッセイ21種、簡単レシピを添えて

目次

はじめに

長年、食べることについて書いてみたいと思っていました。

食べることへの関心が強いからというだけでなく、食べることに向き合うことは生きることに向き合うことでもあるという思いをずっと抱いていたからです。

また、ブログに料理や食材についての文章を掲載した際に、いつか食の本を書いてほしいという声があったことにも背中を押されました。

しかし、それをどういう方向性でまとめ、本という形に束ねればいいのか、最初から明確な構想があったわけではありませんでした。

食というテーマは、あまりにも広く多岐にわたっています。すでに世の中にある膨大な関連本がもたらすイメージも迷いに拍車をかけました。書店に行くと、有名料理研究家によるレシピ本がひしめき、食エッセイのコーナーには、特殊な体験や情報量を前面に押し出した本、あるいは有名人の書いた本が並んでいます。

自分の書きたいものはそのどれでもありません。網羅的なレシピを披露できるような料理家ではなく、世界の珍味を食べ歩いた食の達人でもなく、私生活に覗き見的関心を持たれる有名人でもありません。伝えたいのはこれまで生きてきた過程で感じ続けてきた食への想いですが、手にしているのはいつの間にか積み上がった経験と自分なりの感じ方だけです。

ひとまずプランを立てることはやめにし、とにかく書き始めてみることにしました。テーマが浮かんだら、着地点も決めずにひたすら書きました。課したルールは、単に料理や食材の紹介では終わらない読み物にすること、「作る」と「食べる」のどちらも範疇とすること、さらに文章の邪魔をしない範囲でレシピも盛り込むことでした。

書いていくうちに、文章が自分の行き先を教えてくれました。綴ったのは一人の個人的な体験と主観ですが、「食べる」という普遍の営みが心に起こす波動に身を任せると、不思議と到着点がはっきり見えてきたのです。

そんなふうに、二十一のテーマで文章を書きました。すべて書き終えた時、内容にいくつかの属性が見えてきたので、それに沿ってグループ分けし、**「素材は歌う」「追憶の味」「うちにごはんを食べに来ない？」「今夜も一杯」「食の愉しみは国境を越えて」**の五章に編成しました。

人によっては使えるレシピも拾えるかもしれない、ちょっと風変わりな食の随想集ができました。

食べ物の話がたっぷり並んでいるので、空腹時に読むには少々ツライ内容もあるかもしれませんが、自身の「食べる」もふり返りつつ、人生にちょっぴり思いを馳せて微笑んでいただけたら幸いです。

第一章

素材は歌う

愛しの京たけのこ

インドネシア、バリ島に嫁いだ長年の友人がいます。彼女は、インドネシア伝統のろうけつ染めの布、バティックに惹かれ、若いころからインドネシアに長期滞在しては少しずつ買い集めていました。やがてそれが仕事につながり、年に一度日本に帰国する際にはバティックの展示販売会を開催し、なかなかの人気を博しています。

バティックの世界は奥深く、時代、地域によってさまざまな種類があります。価格もまさにピンきりで、ビンテージ・バティックには熱心なコレクターも存在します。花更紗とも呼ばれるカラフルなフラワーモチーフのものや、「S」の字が連なったように見える、格式ある「パラン紋」などがよく知られていますが、それらにとどまらず、時に目を疑うような個性的な絵柄もあり、知れば知るほどその深い魅力に引き込まれます。

私も友人の影響でバティックに関心を持つようになり、少しずつ買い求めてきました。

ある時、白い地布の上に、パラン紋に少しだけ似た雰囲気の茶色い柄が規則的に描かれた品があったので、涼しげな雰囲気に惹かれて手に取ると、友人は「あ、それ、たけのこの柄ですよ」と言いました。たけのこ、と聞いて、私は即座に購入を決めました。

実はその布、友人は何年も前から商品として売り場に並べていたそうで、私も目にしていたらしいのですが、たけのこの柄だとは気付きませんでした。友人は「やっと持つべき人のところに行きましたね」と笑いました。

なぜ「持つべき人」なのか。

それは私がちょっと常軌を逸したほど、たけのこを愛しているからです。

たけのこ、タケノコ、筍。

もう、その字面さえも愛しいのですが、好みはやはりひらがなかカタカナです。漢字の「筍」は、やや竹感が強すぎます。

私は食材としてのたけのこを、年中出回っている水煮のもの、旬の時期の一般のたけのこ、旬の時期の京たけのこの三つに分類しています。一つ目も調理して出されれば喜んで食べますが、積極的には買いません。「常軌を逸している」と自他ともに思うほど夢中になるのは、二つ目と三つ目、特に後者。そう、朝掘りの京たけのこです。

京都のたけのこが別格であることは、子供のころから噂には聞いていました。ただ、東京生まれの東京育ちのため、自分には無縁のものだと思っていました。関東地方でも春になれば普通においしい旬のたけのこは出回るし、昔は今ほど流通も発達していなかったので、京たけのこを一般の八百屋で見かけることはほとんどなく、たまにあってもびっくりするほど高価でした。自分の世界では関東地方で採れるたけのこが旬のたけのこのすべてであり、それを毎年嬉々として食べていました。

しかし、ある年を境に、そんな「たけのこ環境」が一変しました。夫の当時の上司の実家が、京都のたけのこ農家であることが分かったのです。その上司を介して、京たけのこの名産地の一つ、長岡京からたけのこを購入したところ、想像をはるかにしのぐ衝撃的なおいしさに狂喜しました。以来、毎年京たけのこを箱で買うようになりました。なんという幸運でしょうか！

京たけのこに縁ができてから、春になるとたけのこの生育が気になってそわそわします。食べごろを相談したうえで注文し、到着日の朝は、ほとんどたけのこを茹でるためにしか使わない大きな寸胴鍋など、大ぶりの鍋をいくつも取り出し、準備万端で宅配便を待ちます。

注文した5キロのたけのこは、必ずクール便で配送されます。たけのこのイラストが描かれた専用の段ボール箱には「上にものをのせないで」「天地無用」「ナマモノ」「こわれもの」のシールがびっしりと貼られ、ただモノでない雰囲気が漂っています。

ドキドキと段ボールを開けると、ひんやりとした空気とともに、たけのこがふうっと呼吸する気配があたりにただよいます。たけのこは大きさによって三本から五本入っており、上にはかならず竹の葉が載せられています。ああ、なんて美しい京たけのこ。

いつかこのたけのこを育む竹林を思う存分見学してみたいものです。

さて、大急ぎで湯を沸かしつつ、たけのこを箱から取り出すと、根元にはまるで粘土のようなカフェオレ色の柔らかい土が付着しています。この土の質感は、関東のものとはまるで違います。たけのこ作りは土の手入れに尽きると言われますが、「土」と言うのも違和感があるほど独特の土の様子からも、やはり京たけのこは別物だと思い知らされます。

たけのこを茹でるときには、ぬかや鷹の爪を入れるとよいと言われていますが、新鮮な京たけのこの場合、それは厳禁です。余計な匂いがつくし、水だけでまったく大丈夫なのです。柔らかな京たけのこは茹で時間も驚くほど短く、相当大きなものでも一時間弱で茹であがります。

京たけのこは茹でている時間も至福です。なぜなら、換気扇をしっかり回してもなお、キッチンにも、隣接する部屋にも、トウモロコシのような甘い香りがたち込めるからです。この匂いもまた京都のたけのこ独特のもので、京たけのこを知るまでは経験したことがありませんでした。

茹であがったたけのこは、鍋に入れたまましっかりと冷ました後、いよいよ包丁を入れて部位ごとに切り分けていきます。数本分のたけのこの皮をクルクルとはがしていくと大量のゴミが出るので、大きなゴミ袋を用意しておきます。たけのこは切ってみて初めてそのコンディションが完全に分かるので、この作業もドキドキします。ちなみに、柔らかい京たけのこなので、姫皮もそれはたくさんとれます。大切なたけのこですから、姫皮も「人として食べられる限界」まで切り取ります。結果、姫皮は毎年驚くほどの量になります。

切り分けたたけのこは、薄いだし汁を張った保存容器にぎっしりと詰め、冷蔵庫へ。一週間でこれを片っ端から食べていくのです。一年にたった一回だけの夢の時間。

一番好きな調理法は、オイル醤油炒めです。これは、たけのこが一番おいしい到着日に必ずどっさり作ります。かなりたくさん作ったつもりでも、食べ終わった後もっと食べたいと思うほどおいしいのです。

作り方はこの上なくシンプルです。ザクザクと大ぶりに切った根元の部分を、サラダオイルを熱したフライパンで鷹の爪と一緒に強火で焼き付け、じゃっと醬油を回しかけてひと混ぜするだけです。

たけのこ料理といえば、若布と一緒に炊いて木の芽を添えた若竹煮がまっ先に思い浮かぶかもしれません。でも、京都のたけのこは、それ自体の風味があまりにも傑出しているので、木の芽や若布はもちろん、だし汁の旨みや香りさえ邪魔な気がします。そもそもしっかりとしただしで炊けば、関東のたけのこだって十分においしく食べられます。結局は好みの問題ですが、ほのかにピンクがかった独特の肌色の京たけのこだけの、香り高く、柔らかく、何よりもパキッと噛んだ瞬間口内に飛び散るほどに水分をたっぷり含んだあの食感を豪快に堪能するには、たけのこの内部にまで味が入らない、この簡単かつ荒っぽい調理法が自分にとっては最上です。繊維と水だけでできているたけのこは、油との相性もいいようです。少なくとも油を使った料理の方がたくさん食べられます。

驚いたことに、このオイル醬油炒めにしたたけのこは、食べている間に皿の底に溜まっていたオイルと醤油をぐんぐん吸い、食べ終わる頃には液体がまったくなくなってしまうのです。おそるべし、たけのこパワー！

もちろんだしで炊いたオーソドックスなたけのこ煮も作りますが、それよりもわくわくするのが、自分で編み出した和風グラタンとパスタです。どちらも、たけのこと一緒に旬を迎える新タマネギを使います。

グラタンを作るには、まずくし形に切った新タマネギと、一口大に切ったたけのこ（部位はどこでも大丈夫、姫皮もおいしいです）をバターで炒め、軽く塩こしょうします。それを耐熱容器に並べ、味噌、マヨネーズ、粉チーズ、生クリームを合わせたソースをかけ、上火をきかせたオーブンでこんがり焼くだけです。

パスタは、やはり新タマネギとたけのこを、薄切りのニンニクおよび鷹の爪と一緒にオリーブオイルかバターで炒めます。しょうゆだけで味をつけ、茹でた麺と絡め、海苔をトッピングすれば完成です。

豊富にある姫皮は、刻んだ油揚げと煮てたけのこご飯にしたり、みりんを効かせた薄味のだし汁で卵とじにしたりして楽しみます。
今年もまた、春がすすんだ頃、京都からあの愛しい箱が届くでしょうか。
その日を今から夢見ています。

ゴーヤに挑む！

好きな人は大好きだけど、苦手な人は徹底して苦手。そういう野菜は結構あります。その代表格が「ニガウリ」とも呼ばれ、その苦味が好き嫌いを分けるゴーヤではないでしょうか。

ゴーヤといえば、沖縄のゴーヤチャンプル。そして夏。青空に入道雲が湧き上がり、拭いても拭いても汗が流れ出る盛夏にこそゴーヤはおいしく、バテ気味の体に元気を与えてくれる頼もしい食材です。

ある猛暑の夏、あまりにも異常な高温続きで野菜は軒並み不作になりました。サラダにするような葉物は壊滅的で、タマネギやにんじんも不調。そんな中、元気いっぱいで、しかも安かったのがゴーヤでした。野菜はその時の天候に合った勢いのあるものを食べなくてはおいしくないので、いきおいゴーヤを買うことが多くなりました。加えて、日差しを遮る「緑のカーテン」として自宅でゴーヤを育てている知人宅でも当然ながら豊作で、何度も採れたてのゴーヤをもらいました。まさに、ゴーヤまみれの夏でした。

それまで、ゴーヤはさほど頻繁に買う野菜ではなく、たいていはゴーヤチャンプルにして食べていました。しかし、ゴーヤチャンプルはれっきとした主菜なので、そうしょっちゅう食べては飽きてきます。そんな時、「緑のカーテン」の知人から、「ゴーヤはツナとマヨネーズで和えるとおいしい」と教えてもらいました。そういう食べ方なら副菜になるので頻繁に食卓に載せても大丈夫そうです。

そこで、ゴーヤのツナ・マヨネーズ和えを自分なりにアレンジして作ってみました。これが、なかなかおいしくできました。

ゴーヤは縦半分に切り、種を取って薄切りにしたあと、塩をまぶしてしばらくおきます。ゴーヤが比較的柔らかく、苦味をしっかり楽しみたい場合は、しばらくして塩を流してぎゅっと絞るだけでゴーヤの下処理は終了です。苦味を緩和し、柔らかめの食感に仕上げたい場合は、さらにさっと湯がいて水にとってから絞ります。ツナ缶は、できればオイル漬けのものより、ノンオイルのものを用意します。そのほうが、罪悪感なくマヨネーズを使えます。絞ったゴーヤと、水分（または油）をざっと切ったツナと、ゆで卵の粗みじんをボールに入れ、マヨネーズと味噌を加えてよく和えます。これで完成です。量はすべて好みです。カロリーを気にする場合には、マヨネーズを控えめにし、味噌を多めにします。

バリエーションとしては、ツナ缶のかわりに、サバの水煮缶を使ってもいいし、キュウリの千切りや、茹でた新ゴボウを一緒に加えるのもおいしいです。

ゴーヤの苦味は、油分のある食材と合わせることで、油の膜に包まれて弱まるのだそうです。この食べ方だと苦みが和らぎ、シャキッと噛むとゴーヤの勢いのある青い香りが爽やかに広がります。

このゴーヤのツナ・マヨネーズ和えは、写真とともにブログで紹介してみました。すると、ずっとゴーヤが苦手だったという読者からコメントが付きました。これまで、こうすれば苦くない、と書かれたレシピをいろいろ試したけれどどうしても駄目だったとのこと。それを読んで、私は次のように返信しました。

『苦いからといって苦さを殺そうとすると、ますます苦さが気になるような気がします。あの苦さが持ち味なのだし、いかにも「体にいい感じ」なのだから、苦さの中に飛び込んで身をまかせ、真っ向勝負で受け止めるのが、きっといいんですよ。そう、一種の気合ですっ！気合でねじ伏せるんです。食べ物って、気合が必要なものもあるような気がするんですが』

ブログなので、冗談めいた書き方をしていますが、実はこれ、常々思っていることなのです。

食材のクセというのは、まさにその食材の個性であり、持ち味であり、おいしさです。よく「これは○○特有のクセや匂いがまったくないので、○○を嫌いな人も食べられますよ」などという人がいますが、それを聞くたびに心の底から疑問がふつふつと湧くのです。そうしたクセや匂いこそが、その食材を好きな人にはたまらないおいしさなのに、それを消してどうするのだろう、と。そんな風に食材の個性を消してまで嫌いな人に食べてもらわなくてもいいんじゃないかと感じられてなりません。偏食の子供になんとかバランスよく食べてもらいたいと思う親心、というケースもあるでしょうが、だとしても、その食材にまっすぐに向き合わなければ意味がないように思うのです。

ニンジンやホウレンソウを嫌いな子供に何とか食べさせようと、ミキサーにかけてケーキに入れたりして、「その野菜の味を分からなくさせる」という方法は、どうにも共感できません。それを食べなければ健康に重大な害が及ぶのでもない限り、食材そのもののおいしさをがっちりとつかみ、それを食べることを愉快な体験にしなければ長続きしないのではないでしょうか。永遠にミキサーにかけ、味をごまかして食べ続けることはできないのですから。それより、子供の目の前で大人が「ああおいしい！」と目を輝かせ、幸せそうにパクパク食べるほうがよほどいいと思います。それでもだめならもう仕方がありません。記憶の底に種をまいたと考え、しばし放置です。もしかしたら、時期が来たとき、ふとその気になるかもしれません。子供の時にダメだったものが、大人になってお酒を飲むようになったら好きになった、外国に行って違う環境で食べたらおいしかった、ということは結構あるものです。

素材そのものにまっすぐ向き合ったほうがいいという実例も少なくありません。夫は小学校の給食で、鮮度も調理もいまひとつの「ニンジンのグラッセ」を食べたことから、ニンジンが嫌いになったそうです。それが、スティック状の生のニンジンをかじったら、一気に好きになったとか。牡蠣フライも苦手だったけれど、新鮮な生牡蠣を食べたことで牡蠣全体が大好きになったそうです。今は牡蠣フライも好物です。どれも、いい状態にある食材のありのままを味わったことで、その魅力に気づいたのです。

ゴーヤもしかり。こっちが身構えると、クセのある姿しか見せてきません。でも、あなたは個性とエネルギーにあふれ、とっても瑞々しく、夏の疲れをはじき飛ばす野菜なのよね、と友好的に向き合うと、機嫌よく愉快な姿を見せてくれるように思います。

この読者は、私の返信を読んだ後、さっそくゴーヤのツナ・マヨネーズ和えを試してくれました。そして、「ええい、苦みと真っ向勝負だっ」と、覚悟して口に入れたら、不思議なことにとてもおいしく食べられたのだそうです。それを知ったときのうれしさはいまだに忘れられません。料理のレシピを、もともとそういう料理が好きな人に教え、結果「おいしかった」と言ってもらえた時に感じる気持ちとは、まったく質の違う感慨でした。彼女は、ゴーヤの苦みを感じなかったから食べられたのではなく、この材料の取り合わせにより苦みが旨味に変わったと感じ、さわやかでいくらでも食べられたとのこと。そう、ゴーヤはそうやって食べてほしいのです。

ゴーヤの持ち味を生かした簡単な料理には、ゴーヤのてんぷらもあります。小さくて柔らかなゴーヤが適していますが、ゴーヤをくし形に切り、卵を混ぜた濃いめの衣をしっかりと付けてからりと揚げ、天つゆではなく、ソースをつけて食べます。やはりゴーヤには油がよく合います。

ゴーヤについて書いたブログ記事には、地方色豊かなコメントもつきました。

三河地方では、ゴーヤは青いままでは食べず、赤く熟したものを割って、中のオレンジ色の種を果物のように食べるのだそうです。甘くておいしいおやつとして。ザクロやパッションフルーツのような食べ方です。

ところ変われば味わい方も変わります。たとえば、ほとんどの国では果物として熟したものを食べるパパイヤも、タイでは青いうちに果肉を細切りにし、青パパイヤのサラダ（ソムタム）にします。

苦さを巡って話題のつきないゴーヤですが、生き物としてのゴーヤは、苦い味を味わってもらおうと存在しているわけではありません。青々として苦いときも、オレンジ色に熟して甘いときも、淡々とゴーヤなのです。そんなゴーヤに、勝手に挑戦！

ブラボー！北海道のベーシック野菜たち

ここ三年ほど、鎌倉の自宅と札幌を行き来しながら暮らしています。二つの住居を一か月おきに行ったり来たり。今まで旅行に出かけたことさえなかった北海道を、いきなり住民として体験することになりました。

札幌に住むことになったと伝えると、たいていの人が「あら、よかったじゃない」と肯定的な反応を示すのでちょっと驚きました。どうやらたくさんの地方都市の中で、札幌はかなりイメージの良い場所のようです。その理由の一つに食べ物がおいしいというものがあります。そして「北海道のおいしいもの」としてたいていの人がまっ先に思い浮かべるのは、カニ、ウニ、イクラ、鮭、ホタテといった海産物ではないでしょうか。これは、各地のデパートが盛んに開催している集客力抜群の催事「北海道うまいもの展」などの影響が大きいように思います。

しかし札幌で生活を始め、観光客ではなく生活者として食材を眺めてみると、実態はちょっと違います。札幌市の中心部にある自宅マンションにほど近い大手スーパーには、道外の人たちがイメージするような海産物はありません。季節になると地物の鮭の切り身や殻つきのホタテ、牡蠣くらいは出回りますが、カニは観光客を意識した店以外ではほとんど見かけません。カニは昔に比べると恒久的に不漁だし、そもそも札幌市は海に面しておらず、カニの産地に近くもありません。その代り、鮮魚売り場には道外者の目にはとても珍しいものがときに並びます。たとえば、冬場になるとどっと運び込まれるタラの白子。値段は驚くほど安く、大きなトレイになみなみと入って売られています。北海道ではタラの白子を「タチ」と呼ぶのですが、その呼び名も札幌に来て初めて耳にしました。そのほかにも、聞いたことのない名前の近海の魚をちらほら見ますが、港町でない札幌中心部のスーパーの鮮魚売り場は、海産物であふれかえるという感じではありません。

むしろずっと活気があるのが精肉売り場です。北海道は畜産も大変盛んなので、鶏も豚も牛も道産の安価でおいしいものがたくさんあります。産地の名前を冠したブランド肉も多く、値段も手ごろです。もちろんジンギスカン用の羊肉もあります。肉類は季節に関わりなく安定供給されるので、札幌では海産物より肉を食べることの方が圧倒的に多くなりました。

さて、たんぱく源はそんな感じですが、食事を作るとなると野菜がなくては始まりません。農業王国北海道ですから、野菜売り場は道産野菜ばかりなのかと思いきや、一年の半分は雪の影響を受ける北海道では野菜の収穫にかなり季節性があります。このため、メジャーな野菜を通年切らさず置きたいスーパーには、場合によっては九州、四国からの野菜もけっこう並んでいます。しかし、せっかく北海道に来たからには、安心でおいしい地元の野菜を食べたいです。食材はできる限りその土地のものを選んでこそ、分かることもあるはずです。そういうわけで、スーパーでは北海道産野菜だけを選んで買い、さらに札幌市内の有名な観光スポット「狸小路商店街」に、野菜を中心とした道産食材を扱う専門店があるのを見つけてからは、そこにせっせと通って買い物をするようになりました。

北海道の野菜は、関東地方とは大きく違っています。もちろん野菜には地方ごとに個性があり、たとえば京都には、かの有名な京野菜があります。ただ、京野菜の場合、水茄子や聖護院蕪といったそれらしい品種がたくさんあり、ラインナップからして特別です。これに対し、いわば「ニッポンの野菜蔵」である北海道は、北海道でしか採れない作物で勝負するというより、ジャガイモ、タマネギ、ニンジン、長ネギ、大根といった、誰でも知っている普通の野菜のおいしさにその真価が潜んでいます。

まずジャガイモです。北海道のジャガイモの生産量はもちろん全国一。それも、2013年の生産量は約1685トンと、二位の長崎県の253トンをまったく寄せ付けない、ぶっちぎりの一位です。この膨大な北海道産じゃがいもは全国に流通しているので、北海道に住んでいなくても食べたことがある人がほとんどでしょう。でもそれで北海道のジャガイモを知った気になってはいけないのです。北海道のジャガイモ事情には、住んでみないと分からない奥深さがあります。

北海道に来る前、ジャガイモといえば基本的に男爵かメークインの二択で、たまに「キタアカリ」が加わる程度でした。栗のような色と味わいの「インカのめざめ」なども見つければ買っていましたが、それほど一般的ではありませんでした。

これに対し、北海道のスーパーでは、数種類のジャガイモが売られていることも珍しくなく、道産ショップでは、十種類近くのジャガイモが常時販売されているのです。「男爵」、「メークイン」、「キタアカリ」は基本中の基本として、それに「シャドークイーン（紫色）」、「ノーザンルビー（赤色）」、「はるか」、「十勝こがね」、「ピルカ」などが一緒に並びます。「インカのめざめ」も珍しくはなく、類似品種の「インカのひとみ」とともにあちこちで見かけます。食べ比べた結果、最高においしいと思ったのが「ピルカ」です。流通量が少ないのか、道外はもとより、札幌市内でも狸小路の道産ショップ以外では見たことがないのですが、札幌に遊びに来た友人知人には必ず買うように勧めており、百発百中で高評価を得ています。

それだけではありません。収穫期の三ヶ月から六ヶ月後の春先に出回る、それはおいしいジャガイモまであるのです。「ホクレン」という、北海道JAの関連組織が開発した「よくねたいも」です。

「よくねたいも」とは、秋に収穫したジャガイモを、一定の冷温環境で貯蔵することで成長を止め、糖度を高めたもので、北海道の春のお楽しみです。時期になると、テレビCMも盛んに流れるようになり、これを見ると春が来たのだなぁと感じます。愉快なネーミングと、品種ごとに色分けされた目を引くパッケージに惹かれて初めて購入したとき、あまりのおいしさに驚嘆しました。

「よくねたいも」は、北海道以外の地域でもたまに販売されることがあるようですが、他の地方に送られるのは「男爵」と「メークイン」どまりです。でも地元では「キタアカリ」、「インカのめざめ」「ひかる」「きたかむい」を加えた6種類があり、スーパーには最低でも3種類ぐらいは常時並びます。

北海道のなかでも、十勝、網走など、特にジャガイモの生産量が多い地域はあります。でも、道外者の目から見ると、ジャガイモはいたるところで作られているという印象です。初夏に札幌市内からちょっと車を走らせれば、ジャガイモの緑の葉が作る広大な絨毯の上に、結構存在感のある白い花がたくさん咲いている美しい光景を飽きるほど見ることができます。

ジャガイモと並んで北海道で大量に生産されているのがタマネギです。このタマネギも、北海道ならではの状況があります。

首都圏にいると、タマネギはただの「タマネギ」で、実はいろいろな品種があることなどまったく意識しないのではないでしょうか。しかし当然タマネギにも品種があり、北海道ではそれこそ膨大な品種のタマネギが栽培されています。道産ショップや生産者の直売会などでは、品種名とその特色（甘みが強い、芽が出やすい、繊維が柔らかいなど）を表示して販売されることも少なくありません。このため、タマネギも用途に応じて種類を選べるのです。

さらに札幌の場合、「札幌黄（さっぽろき）」という、土地にゆかりのある特別なタマネギがあります。開拓時代にもたらされた固有品種ですが、交配によって日持ちやサイズなどが改良された新種のタマネギの台頭によって生産量が激減し、一時は「まぼろしのタマネギ」と言われるようになった悲運のタマネギです。しかし、加熱すると辛みが消えて甘みが強く出るという独特のおいしさのある札幌黄を愛するファンの活動により、平成に入ってから復活しました。現在は「札幌黄ファンクラブ」なるものも結成されています。

札幌では、この「札幌黄」を見つけた時には必ず買うようになりました。それ以外でも、タマネギの品種の特徴を知ったうえで購入するというぜいたくを楽しんでいます。

ジャガイモ、タマネギという二代巨頭以外の野菜についても、それぞれの持ち味を長々と語りたくなるほど北海道の野菜は本当においしいです。根菜類でも葉物でも、とにかく柔らかく、食感がいいのです。例えば、ジャガイモの「ピルカ」は、メークインに似た形状ですが、水分が多めで柔らかいので、くし形に切った後、フライパンにオリーブオイルを入れて弱火で断面すべてをこんがりと焼くだけであっけないほど簡単に火が通ります。甘みが強いこのじゃがいもは、単独、あるいはガーリックと一緒にオイル焼きにしたあと、ミネラル多めの天然塩をかけて食べるだけで、至福の味になります。今流行りのコリアンダーをトッピングすれば、さらにおしゃれな一品になります。「ピルカ」はあまりにも火の通りがいいので、肉ジャガや味噌汁などにする場合には、早目に煮え具合をチェックしたほうがいいでしょう。

北海道に旅行で来る人たちは、お土産というとどうしても海産物やスイーツに目が行きがちです。農産物でも、お土産物として人気なのは夏場のメロン、とうもろこし、アスパラガスぐらいですが、何気ない野菜もとてもおいしいので、時間があれば道産ショップを覗き、その時期に勢いのある野菜をあれこれ選んで配送してもらうのも楽しいのではないかと思います。お金もそれほどかからず、北海道の大地の個性と素晴らしさを実感できるでしょう。夏になるとたくさん出回る「アイコ」という、楕円形の小さなトマトをはじめとした、赤、オレンジ、黄色、紫のカラフルなプチトマト、冬の寒締めホウレンソウ、雪の中で貯蔵して甘みを出した、越冬（雪の下）白菜や越冬キャベツ、長くて柔らかい軟白ネギ、そして生でも煮てもおいしい大根、ニンジン、白ごぼうなど、魅力ある野菜は枚挙にいとまがありません。

ベーシックな野菜がどれも素晴らしくおいしいことこそが、自分にとって、北海道の食の最大の魅力です。

北海道の野菜をおいしく食べる

札幌の住居にしている札幌駅近くのマンションは、単身者向きの賃貸物件なので、キッチンの調理コンロは二口しかありません。そのうえフライパンを振れないＩＨ。

コンロが二口しかないことで、作りたい料理を思うように作れず難儀をしています。例えばパスタを作る場合は片方のコンロで麺を茹でつつ、もう片方でソースを作りますが、そうするとそれだけでコンロがいっぱいになってしまい、火を入れる調理はそれ以上同時にはできなくなります。あとはサラダなどで済ませるか、なんとかオーブン使用に持ち込むか。コンロがもう一口あったら悩まなくてもよいことが大きな障害になります。

それでもなんとか食事を楽しめているのは、北海道の野菜のおかげです。北海道の野菜は実に柔らかく味わい深いので、あれこれ手を加えるのがもったいないのです。生か、あるいは茹でただけの、素材そのままの味をそのまま楽しむ料理が「ごちそう」になります。

札幌で暮らすようになったばかりの頃、スーパーで北海道産のカブを見つけました。「大きなカブ」というロシア民話を連想させるような、富有柿ほどもある大きなカブでした。葉も青々とおいしそうだったので購入して家に戻り、油揚げと一緒に煮物にでもしようと包丁を入れてびっくり仰天。まるで手ごたえがなく、すっと刃が入ったのです。大きいので固いだろうとの予想は見事に外れ、関東で食べていた小さいカブよりよほど柔らかい質感でした。さらに切り口の瑞々しいこと！　これは煮てはもったいないと、計画を変更しました。試しに薄くスライスして食べてみると、その甘さと水分の多さに二度びっくり。火を加えるのはやめにして、5ミリほどの厚さにスライスし、地元の塩だれドレッシングを軽くかけただけで食卓に出しました。以来、北海道の大きな白カブは生で食べることがほとんどです。もちろん味噌汁やスープの具にしてもおいしいですが、あっという間に火が通ります。

北海道にそれほど大きくておいしいカブがあることを、道外の人たちはほとんど知らないのではないでしょうか。日持ちもするし、輸送にも十分耐えられると思うのですが、高価なものではないため送料をかけるに値しないと思われているのかもしれません。一方、北海道の人たちは贅沢にもあのカブを当たり前だと思っているようで、感動を伝えてもピンとこない顔をされます。

レタスも、北海道産のものはひと味もふた味も違います。英語圏ではアイスバーグレタスと呼ばれている、ごく一般的な球形のレタスです。有名な淡路島のレタスなども並ぶ札幌のスーパーですが、時期になると道産レタスも販売されます。

この道産レタス、ずいぶんと緑色が濃いのです。そのうえ葉の巻き方が緩く、しっかり固く丸まっていないので、外側の葉は気を付けて扱わないとばらりと剥がれそうになります。

関東あたりでおいしいレタスの代名詞となっている信州の「高原レタス」は、薄い黄緑色をしています。緑の濃い外葉は畑で落とすか、スーパーなどには客が自分で不要な外葉をはがして捨てていくための段ボールが置いてあったりします。しかし北海道産レタスは、この外葉に相当するような色合いなのです。これは固いのかな、と思いつつ、家に帰って葉をはがしてみたところ、丁寧に扱わないとどんどん破けていってしまうほど薄くて柔らかかったのです。さらに驚いたのが、濃い緑色が中の方までずっと続いていたことです。色が濃くて柔らかいレタス。土地が変わると作物はこんなに変わるのかと驚きました。

道産レタスは、軸の周りや葉の中心部分まで薄いという特徴もあります。このため、一枚ずつはがしていくとひらひらになり、ちぎってサラダにすると、変にかさ高になることなくドレッシングとよく馴染み、とても使いやすいのです。あまりに柔らかくて食べやすいので、夫婦二人ならば一玉を一回で食べ切ってしまうことも珍しくありません。味つけは極力シンプルにし、細切りの塩昆布とピーナッツオイルで和えて食べることがほとんどです。酸味が欲しい気分の時は叩いた梅干しを加えます。

また北海道の野菜は京野菜との共通点があることにも驚きました。たとえば百合根です。京野菜として有名な百合根ですが、時期になると道産の百合根も店頭に並びます。しかも京都に比べると格段に安価です。札幌時計台近くにある人気の中華料理店では、シーズンになると百合根を丸ごと揚げた料理がメニューに加わり、人気を博しています。先日は百合根を目的に道産ショップを訪れた道外からの旅行者も見かけました。北海道の百合根、けっこう有名なのでしょうか。

また、九条ネギや水菜も作られています。最近は関東でもこれらは作られていますが、京都のものとは食感が違っていてあの柔らかさはありません。やはり京野菜には京都の土と気候が必要なのかと思っていましたが、意外なことに北海道産の水菜と九条ネギは、京都産のものにかなり近いのです。九条ネギは香りがやや弱めな印象ですが、柔らかさは十分で、水菜に至ってては京都産にひけを取りません。生産量も多いようで、普通のスーパーにたくさん出回っていて、軸が赤紫色の変わり種もあります。

道産の水菜も、洗って包丁を入れた段階でその驚くべき柔らかさに気づき、生食決定となりました。水菜の場合には、砕いたナッツ類と一緒に、オリーブオイル、菜種油、ピーナッツオイルなどの好みの油、好みのビネガー、塩で和えたサラダが気に入っています。しゃきしゃきとした食感の水菜と、噛んだ時にコクのある油分がにじみ出るナッツは相性抜群。しっかり噛んでしっかり味わう健康的なサラダです。

ちなみにナッツは北海道産のニンジンともよく合います。道産ニンジンも柔らかく甘みがあるので、生食に適しています。よく作るニンジンサラダは、千切りのニンジン、茹でて細かく裂いたささ身、砕いたナッツを、オリーブオイル、マヨネーズ、塩、こしょうで合えたものです。このサラダは作りたてももちろんおいしいですが、一日くらい経って少ししんなりしたものもまた別の味わいがあるので、ニンジンを切るのが少々面倒ですが、好きな音楽でも聞きながら頑張って刻み、多めに作っておくと栄養満点なサラダが二日にわたって楽しめます。

そして、北海道の野菜といえばどうしても触れずには終れないのがアスパラガスです。

アスパラガスとメロンは、北海道が道外への贈答品として大々的に宣伝している二大農作物です。夏が近づくと、スーパーやデパートの野菜売り場には、贈答用の予約受付を知らせるポスターが貼り出されます。しかし、手元に届いてから食べごろを自分で判断できるメロンと違い、アスパラガスは採った瞬間からどんどん甘みと水分が減っていきます。道外に荷物を送る場合、たとえば関東地方ならどうしても中一日が必要なので、朝採りのものを食べることは困難です。太くて立派な北海道のアスパラガスは輸送後でも十分おいしいとはいえ、採れたてのアスパラガスのおいしさは別物で、これればかりは北海道でしか味わえません。

太くて長い上物のアスパラガスは、北海道で買っても高価な夏の贅沢野菜です。

そんなアスパラガスは、茹で方も関東出身者の常識を覆すものでした。これまでアスパラガスは根元と穂先に切り分け、根元の下端の固い部分を切り落としたり皮をむいたりしたうえで、時間差をつけて茹でていましたが、道産ショップに掲示されていた「アスパラガスのゆで方」によると、「切らずに一本丸ごとを一分半茹でるように」とのことだったのです。直径2センチ近いアスパラガスを、たった一分半、それも根元も穂先も同時間で、はたしてちゃんと茹であがるのだろうかと半信半疑でしたが、そのとおりに茹でてみて驚きました。北海道の採れたてアスパラガスは、これまで知っていたアスパラガスとは別の野菜だったのです。

茹で時間が短いので、根元の部分をよく見てみると「アルデンテ」状態です。芯まで完全に火が通ってはいないのですが、それでいいのです。茹で上がったアスパラガスをパキッと噛むと、信じられない量の水分が口の中に飛び散ります。そしてその水分に含まれる糖度たるや、遠くの方に果物のイメージが浮かぶほどです。北海道アスパラの醍醐味は、この根元の味わいにこそあります。と同時に、穂先には別種の衝撃が潜んでいます。ほろ苦さと、香りの強さです。これまでアスパラガスの穂先といえば、柔らかくて食べやすいぐらいのイメージしかなかったのですが、根元以上に野趣のある力強い味わいは、どこか山菜を連想させるほどです。

果物のような甘さと瑞々しさに、山菜のような苦味と強い香り。一本の中でこれほど違った味わいが楽しめる北海道のアスパラガスは、やはり道産野菜の王様です。王様なので、少々値が張ってもやはり太くて立派なものを買い求めるに限ります。太いから固いだろうという心配はいりません。あの太い円柱状の緑の中には、甘みのある水分がぎゅっと詰まっているのです。

この味わいは、カニや鮮魚以上に、北の大地に行かなければ経験できない、まさに「幻の味」です。

第二章

追憶の味

父のうどんすき

人生をある程度長く歩んで来た人には誰しも「記憶の奥底にある食べ物」があるはずです。おふくろの味、と呼ばれるものもそのひとつかもしれませんが、そうした食べ物は、おそらく、絶えず頭の中にあるというわけではなく、ふとしたきっかけで時空を超えて呼び覚まされ、蘇ります。

そんな時の心の動きをそっと注意深く辿ってみると、そこには必ずしも喜び、感謝、感動の味といったポジティブなものだけでなく、切なさ、哀しさ、葛藤、後悔といった、かすかにネガティブなものが混じり込んでいることが少なくないのではないかと想像します。そうした複雑な心情が、食の思い出を一層忘れがたいものにし、記憶に陰影を与えるのではないか、と。味覚が未成熟な子供には理解できないし、量が過ぎれば全体を台無しにする「苦み」や「辛み」が、料理に深い味わいを与えるように。

数年前、大阪に行く機会がありました。それまで関西方面にはあまり縁がなく、二度目の大阪行きでした。

大阪で何を食べようかと考えた時、ふっと脳裏に浮かんだのが「うどんすき」でした。うどんすきは、はるか昔の子供時代に、一度食べたきりの料理です。それがなぜ急に思い浮かんだのか、明確な理由は自分でもよくわかりませんが、間違いなく介在していたのは、亡くなった父との思い出です。

会社員だった父は、出張で日本各地によく出かけていました。ちょっと痛々しいほど情に篤い人でしたが、いつどんなことで突然怒り出すか分からない情緒不安定なところがあり、怒るととても怖かったので、父が出張で不在の日は、子供心にすごくホッとしたのを覚えています。家族が大好きな人でしたが、父にとって家族とは、自分が生まれた家の人々ではなく、自らの力で築き上げた家庭のメンバー、つまり母と私と妹だけでした。自分の生家、特に父親と深刻な確執があったことは何となく推測できましたが、父はそうしたことは何も語らず、聞くこともはばかられる雰囲気でした。私は父方の祖父も祖母も知りません。写真もないし、そういえば名前さえも知りません。一見どこにでもある、東京の山の手の平凡な家だったのに、今振り返ると、そういうところは少し特殊だったかもしれません。

父は、出張先からさまざまな食べ物をお土産として買ってきました。旅先でおいしいものに出会うと、それをどうしても家族にも食べさせたいと思ったようです。

私が小学校の低学年だったころです。出張で大阪に行った父は、とんでもない大荷物で帰ってきました。

父は、四人分のうどんすきを買ってきたのです。

宅配便などという便利なものはまだない時代でした。だし汁は一升瓶に入っており、美しく盛り合わせられた大量の魚介類、練り物、野菜、そしてうどんは、桐の箱に収められていました。宝物のような華麗な具材が詰まった箱を開けたときの驚きは忘れられません。

父の帰宅時間はおそらく夕食には遅すぎたのでしょう。休日だった翌日の昼間に、私たちはそのうどんすきを食べました。晴れた、冬の日だったと思います。カセットコンロもまだない時代で、水色のホースがガスコンロから伸びていたのを覚えています。

関東のうどんの汁とはまったく違う、黄金色のだし汁と、太くてつややかなうどん。呆れるほど種類が豊富で、贅沢で、手の込んだ雅な具材。冬の日差しがすりガラスから差し込む畳の部屋で初めてうどんすきを食べた子供の私は、こんなにおいしくて美しい食べ物がこの世にあったのか、と感動しました。

不思議なのは、今はもう建て替えられて姿を変えてしまった、古い小さな日本家屋の実家の風景の中に浮かぶ「うどんすき」の映像の中心は、でん、と置かれた一升瓶だということです。主役のうどんでも、鮮やかなさい巻き海老でもなく。

無骨な一升瓶。
今だったら、だし汁を持ち運ぶ場合、そんな重い容器ではなく、ペットボトルか強化ビニールなどの軽くて丈夫な密閉容器があるでしょう。でも、その見るからに重そうな、薄い水色の瓶こそが、私の記憶の底に、父のうどんすきの記憶をしっかりと留める重りになっているのです。

あのうどんすきが、もしも今風に宅配のクール便で送られてきたのであれば、わたしは今、あの冬の日の味を、これほど強く記憶していることはなかったかもしれません。

父は「重かった、重かった」とさかんに言っていました。でも、彼は上機嫌でした。父の気分が安定していて機嫌が良かったことも、私には嬉しいことでした。肉類が苦手で、魚介類と野菜と麺類が好物で、品の良いものへの憧憬も強かった父が、大阪でうどんすきに出会って感動したであろうことは、今思えば想像に難くありません。そして一生懸命持ち帰ったうどんすきが、家族にも好評だったので、父は嬉しかったのでしょう。彼がうどんすきを持ち帰った時に感じた重さは、単なる苦役ではなく、自分が味わったおいしさを、どうにかして家族にも共有させたいという意志と、それが達成された時に得られるであろう満足の予感をはらんでいたはずです。

重いもの、かさ高なものをあえて持ち帰る面倒を厭わないこと。手間をかけること。それは心をかけることであり、だからこそ、相手の心を動かす力があります。

人は普通、手間や面倒は、避けられるものなら避けたいと思います。特にこのご時世、人々はいかに時間や労力を節約し、楽にものごとを運ぶかに一生懸命で、そうしたニーズに応えようと、商品やサービスを提供する側はしのぎを削り、次々と新しいアイデアを創出しています。それはそれで、悪いことではありません。

ただ、生前は決して仲のいい親子ではなかったのに、今はもういなくなってしまった父のことをこんな形で思い出すとき、効率という尺度ではとうてい測れない人生の妙味を思います。

普段は忙しい日常に押され、手早く、効率的に食の段取りをしなければならないとしても、たまにはふと立ち止まって、誰かのために手間をかけ、時間をかけてみる。そうすることの贅沢さ、そうしたい相手のいる幸せをかみしめてみる。ちょっとだけ意識的に。そんなことが、生きることに奥行きを与えてくれるかもしれません。

姫たけのことサバ缶

本州では信州から東北地方にかけて自生している、ネマガリダケ（根曲竹）という植物があります。「竹」という名前がついていますが笹の一種で、外見も笹に似ています。このネマガリダケの親竹（親笹）の根を伝って春になると地面に顔を出すのが、姫たけのこです。呼び名は地方によっていろいろあるようですが、姫たけのこは山菜として大変に人気があり、市場価値も高いです。万年筆から習字の太筆のほどの太さ、長さで、地面から顔を出したばかりの食べごろのものは、赤紫色にかすかに萌木色がさしたような色合いですが、あっという間に生育して緑色になります。

山に入ってこの姫たけのこを探すのを毎年楽しみにしていた時期がありました。場所は、信州に限りなく近い新潟県。懇意にしていたペンションがあり、そこを拠点として泊りがけで山菜狩りに興じました。姫たけのこの生育はその年の天候によって左右され、特に雪融けの時期が大きく影響するので、現地からの情報を受けて日程を慎重に調整した上で出かけました。

姫たけのこ狩りの最盛期、ネマガリダケが群生する林道沿いには、早朝から地元ナンバーのワゴン車が人目を避けるように停まっています。太くて柔らかい上物の姫たけのこや山ウドなどはけっこうな収入源になるため、地元の人たちは自分の知っている山菜のスポットを誰にも教えず、一人で採りに行くのです。しかし、この山菜狩りは危険と背中合わせです。姫たけのこはツキノワグマも好物なので、クマに遭遇しての事故もあるし、沢沿いの斜面から滑落するおそれもあります。また、やぶに深く分け入りすぎて道が分からなくなることもあります。

私の場合、姫たけのこ狩りはあくまでも娯楽なので、ペンションから歩いて行かれるゲレンデ脇の藪を探す程度にとどめ、クマよけの鈴をつけ、声を出しあいながら複数で行動することにしていました。

ネマガリダケは、その名の通り、曲がりくねった枝が方向を定めず密生しているので、その根元に生えている姫たけのこを採取するのは、なかなかのアドベンチャーです。軍手を着用し、頭も顔もタオルか手ぬぐいで蔽い、枝をかき分け、腰をかがめて進みます。姫たけのこは地面を這う親竹の根や枝、落ち葉の隙間からそっと顔をのぞかせているので、目が慣れないうちは、なかなかその姿を捉えることができません。目が藪の色合いに慣れてくるにつれて、徐々に見つけられるようになるのですが、地面から小さく突き出た姫たけのこを見つけた時のうれしさは格別です。たとえ遠くにでもチラリとたけのこの姿を認めたら、夢中で藪をかき分けて突進し、手でぽっきりと折り取ります。その瞬間がたまらなくて、午前も午後も山に入って姫たけのこ狩りに狂奔します。あまりにも長時間、集中して薮の中を凝視するため、たけのこ狩りをした日は、夜ベッドの中で目を閉じると、草むらの中の姫たけのこの残像がまぶたに浮かぶほどです。

採った姫たけのこはリュックや手提げにどんどん入れていきます。姫たけのこは小さいけれどみっしりと質量があるので、それらはあっという間に重くなります。

たけのこ狩りは、よほどの荒天でない限り、雨が降っても決行します。むしろ、晴れている日は埃っぽく、やぶの中を小さな虫が飛んだりもするので、意外に姫たけのこ狩り日和ではありません。小雨模様や霧が出ているようなしっとりとした日の方が、たけのこも乾かず、ホコリも立たず、虫も出ないのでかえって作業が楽なのです。ただし、全身びしょ濡れになりますが。

姫たけのこを採り終って薮を出、霧の流れるゲレンデで曲げ続けていた身体を伸ばすと、森の向こうからウグイスや、運が良ければカッコウの鳴き声が聞こえてきます。手には、雪国の遅い春の恵みがずっしり。ゲレンデのふもとを眺め下ろして深呼吸すれば、日々の雑事で騒々しかった頭の中がすっきりとクリアになっているのを感じます。

採った姫たけのこは、急いで適切に処理しなければなりません。乾燥にとても弱いので、すぐに食べない分は、しっかりと濡らした新聞紙にくるみ、さらにビニール袋に入れて冷蔵庫にしまいます。これで数日は大丈夫です。

採りたてのものは、もちろんその日にも食べます。

太くて短めの柔らかそうなものは、皮を剥かずにそのままオーブンや炭火で焼くか、まるごと皮を剥いて天ぷらにします。オーブン焼きは、熱々の皮をむきながら、味噌やマヨネーズをつけて食べます。天ぷらは塩で。

どちらもパキッとした食感と瑞々しさが心地よく、独特のすっとする香りが鼻に抜ける至福の味です。

しかし、現地で姫たけのこを食べる代表的な方法は、なんと言っても「姫たけ汁」です。採ったたけのこには、丸ごと食べるには不向きな、細長くて節が硬いものも混じっていますが、そんなタケノコでも刻んで「姫たけ汁」にすれば十分においしく食べられます。

姫たけ汁に入れるたけのこは、まず皮をむき、次に節ごとに包丁を軽く当てて固さをチェックしながら、固い節をどんどん除去していきます。すると、柔らかい部分が小さな円柱状に残ります。これをたくさん集めていきます。なかなか手間のかかる作業ですが、一心不乱に皮をむいては切り、を繰り返していくうちに無心になってストレスが消えるので、私は決して嫌いではありません。

姫たけのこが十分な量になったら、これを味噌仕立ての汁にします。この汁の中には意外なものが入ります。初めて聞いたとき、私は耳を疑いました。タマネギ、ジャガイモの他に、なんとサバの水煮缶を入れるというのです。さらに好みで豚肉も入れ、溶き卵を流します。

姫たけ汁を食べたことがない状況でこのレシピを聞いたとき、家ではこっそりサバ缶を抜いて作ろうと思ったことを告白しなければなりません。せっかくの山菜の風味が、青魚の中でも特に脂分が多くクセの強いサバに圧倒され、台無しになってしまうと思ったのです。

しかし、姫たけ汁を食べた瞬間、私は自分の不明を恥じました。姫たけのことサバ缶は、絶妙の組み合わせだったのです。

名称に惑わされ、姫たけのこをたけのこの仲間だと思ってはいけなかったのでした。姫たけのこは、食感を楽しむ食材で、それ自体に野菜としての味はほとんどなく、わずかにあるのが野趣に富んだ「青い匂い」です。

そんな姫たけのこを汁にする場合、野菜だけではあまりにも旨みに欠けるのです。また、野菜だけだと、ほかの野菜と違って煮込んでも決して柔らかくなることのないその食感が突出してしまいます。その架け橋となり、姫たけのこの食感と青い匂いを包み込み、同時に深いコクを出すのがサバの水煮なのです。豚肉は好みで省いても大丈夫ですが、サバ缶だけは必須です。サケ缶でもツナ缶でもダメで、この汁には絶対にサバ缶です。もしもサバ缶が手元になかったら、買いに行くまで「姫たけ汁」は作らないのが賢明です。

以前、珍しい食べ物が好きな友人に請われ、姫たけのこをおすそ分けしたことがあるのですが、彼女は私のアドバイスを守らず、こっそりサバ缶をサケ缶に替えて姫たけ汁を作ってしまいました。彼女は食べるなり自分の非を認め、謝ってきました。彼女の気持ちはよく分かります。私もかつて同じように思ったのですから。こればかりは、とにかく食べればわかるとしか言いようがありません。産地の人たちの食べ方には、よそ者には分からなくても、おいしくするための知恵が詰まっているのです。

大なべにたっぷりと作った姫たけ汁は、火を入れながら二、三日はおいしく食べられます。

サバの脂とコク、柔らかく煮込まれた甘いジャガイモや新タマネギの間から、シャキッとした歯触りの、春の勢いそのもの姫たけのこが顔を出すこの汁の複雑で絶妙な味わいは唯一無二です。これ一品で栄養も満点なので、たけのこの皮むきが少々大変ですが、作っておくと大変重宝する「春のごちそう」です。

２０１１年3月、福島第一原発が爆発しました。不十分ではあっても次々に開示されていく放射能汚染のありさまを目の当たりにして、私は、いままでおいしく食べてきたいくつかの食材をあきらめました。その中の一つに、姫たけのこがありました。

姫たけのこ狩りに行っていた地域の山菜から高濃度の汚染が見つかったわけではありません。おそらく測定もしていないのではないかと思います。しかし山菜は、福島からはるかに離れた場所でも、時おり驚くほど深刻な汚染が見つかっています。私は自分の判断で、関東と東北の山菜は、もうこの世に存在しないのだと考えることにしました。原発事故以降のさまざまなデータを見ていくと、植物、動物の種類によって、放射性物質を集めやすいもの、集めにくいものがあるということが分かります。残念ながら山菜類は、最も集めやすいものの一つです。自然の中にぐっと根をおろし、春に一気に芽吹き、ほろ苦く濃厚な風味を持ち、ぐんぐん成長する山菜たち。きっと、いいものも、そうでないものも勢いよく集めとってしまうのだろうと直感が告げます。

あのおいしかった姫たけ汁は、もう食べられなくなりました。やぶをかき分けて姫たけのこを探し回る、あのエキサイティングで贅沢な遊びもできなくなりました。春、サバの水煮缶を買うこともなくなりました。とても残念です。

そんな中、三年前から札幌にも住居を持つようになりました。札幌市には山もあり、ちょっと郊外に行っただけで、手軽な山歩きができます。

ようやく雪が消えた遅い春の日、北海道神宮に隣接する円山原生林から円山の山頂を目指しました。円山は標高２２５メートルの小さな山なので、すぐに登り終え、帰りは円山動物園に向かう道を下りました。

ふと道のわきを見ると、丈はだいぶ低いものの、見覚えのある緑色の葉をつけた植物が群生しているのが目に入りました。ネマガリダケでした。もしや、と根元を見てみると、あっという間に小さな姫たけのこが一本見つかりました。よく探せば、まだたくさんあったかもしれません。

こんなに人がよく歩く登山道のすぐ脇に姫たけのこが残っているということは、北海道の人たちは、信州や東北の人たちに比べ、それほど姫たけのこに夢中ではないのかもしれません。大きなたけのこが生えない北海道で「たけのこ」といえば、この姫たけのこのことを指すのだと知ったのはその後ですが、それでもこの姫たけのこが郷土料理として珍重されているようには見えません。

北海道での懐かしい姫たけのことの再会。

北の大地では、どうか悪いものを吸い込むことなく、いつまでも清らかに育ってほしいと願います。

ハンバーグステーキはジューシーなんかじゃない

今の日本は、自分が子どもだったころに比べ、食材の種類も、調理のテクニックも格段に豊かになっています。特に東京など都市部では、世界中のどの都市をも上回るくらい、世界各国の料理や流行の食べ物が次々と提供され、食の世界は大変な賑わいを見せ、同時にどんどん変化しています。

それを豊かな食文化と呼ぶかどうかは、また別の問題です。地元でずっと愛され続け、その土地の人以外はほとんど知らないおいしい食を取り上げるテレビのバラエティ番組が人気を集めているのも、海外の旅番組ではほぼ間違いなくレポーターがその土地の伝統的な料理を味わい、それを見てわれわれがその土地の魅力を感じるのも、豊かな食文化とは、必ずしもバリエーションの多さや流行に敏感であることとはかぎらないからではないでしょうか。

料理に新しい工夫が施され、食べる側に選択の幅が広がることは基本的によいことでしょう。ただ、新しいものの方にばかり目が向き、今はこれが流行っているからと、雪崩を打ったように一気にそちらの方に移行する傾向があるのは、少しばかり残念です。特に近年、やけにふんわり柔らかい食感に軸足が移っていて、素材の味をかみしめるような質実剛健な料理がわきに追いやられている感があるのも複雑な気分です。

たとえばオムライス。ライスの上で、半熟に仕上げた卵をとろりと崩す、いわゆる「ふわとろ卵」のオムライスは、扱いの難しい卵をこんな風にも仕上げられるのですよ、というプロの技を披露する、一種の変わり種オムライスとして存在しているのかと思っていたら、いつの間にか外食オムライスの主流となった感があります。固く焼いた卵でケチャップライスをくるりと巻いた古典的なオムライスにも、それなりの技術と味覚のバランスが必要で、香ばしい堅焼き卵ならではのおいしさがあると思うのですが、今やあのオムライスはどこか時代遅れな存在になってしまったようで、どうにも釈然としません。

この柔らか指向はハンバーグにも及んでいるようです。近頃、テレビでレポーターがハンバーグを食べておいしさを言い表すとき、必ず口にするのが「ジューシー」です。そしてナイフで真ん中から切り分けた断面からは液体がじわっと、時にどっと流れ出します。「肉汁がすごいです～」と彼または彼女は歓声を上げますが、あれがはたして本当に肉汁というものなのか、私にはよくわかりません。ただ、少なくともあの液体を出すためには、ひき肉の中に牛肉だけでなく豚肉も混ぜなければなりません。実際、近頃は料理のテキストでも一般家庭のレシピでも、ハンバーグを柔らかい食感に仕上げるために合いびき肉を使うことが多いようです。

手元には、一冊の古ぼけたシミだらけの料理テキストがあります。裏表紙に記載された発行年月日は、昭和55年5月1日。「NHK 今日の料理 5月号」で、特集は「世界のひき肉料理」です。「世界の」という冠のついた、この上なくスケールの大きな特集記事を担当したのは、今は亡き名シェフ、村上信夫氏です。東京オリンピックの成功に選手村の料理長として大きく貢献し、その後帝国ホテルの料理長を務め、さらに権威ある一流ホテルで高級料理を作るにとどまらず、家庭にもおいしい西洋料理を伝えたいと情熱を燃やし、「今日の料理」にも長年出演していた有名シェフです。その謙虚で温厚な人柄は、未だに料理界で語り継がれています。

「世界のひき肉料理」は、23ページにもわたるフルカラーの堂々たる特集で、各料理の完成写真には、雰囲気のある容器に入ったその国のスパイスなどが飾られ、食器もカトラリーも品格のあるものが使われており、各国への敬意が感じられます。取り上げられているのは、フランスのフリカーデル、ドイツのターターステーキ、インドのチキンボールカレー煮込み、イタリアのミートボールトマト煮込み、ポルトガルの鶏肉のひき肉詰め、ロシア風ひき肉のステーキ、フランスのテリーヌ、そして英国のミートパイと、まさにひき肉料理の万国博覧会です。ターターステーキは、生の牛肉を包丁で叩いて作る本格的なものだし、ミートパイは皮から手作りするようになっており、テリーヌに至っては手作りのコンソメゼリーを添えるなど、今ならばちょっと一般家庭向きとはされないような正統的な調理法が、たくさんの手順写真とともに懇切丁寧に記載されています。おいしそうなだけでなく、見ているだけで西洋料理に関する教養も身に付く特集です。

この「世界のひき肉料理」の第一品目が、「アメリカのハンバーグステーキ」なのです。

ハンバーグの語源がドイツのハンブルグであり、そこで作られていたタルタル（タータ―）ステーキが基になっていることはよく知られています。この料理特集でハンバーグステーキがアメリカ料理として紹介されているのは、ドイツ系移民によってアメリカにもたらされたこのタルタルステーキが「ハンブルグ風ステーキ」と呼ばれ、今のハンバーグステーキになったからだと思われます。タータ―ステーキを土台としたハンバーグステーキは、元来牛肉のみで作る料理です。この、村上シェフ直伝のハンバーグステーキも、最小限のつなぎは使いますが、肉は牛肉のみ。牛肉のおいしさをしっかりと味わえるおいしいレシピです。

私は、この村上信夫レシピのハンバーグで育ちました。自分で作るのも、このハンバーグのみです。決して食べ飽きることなく、本格的で、ごちそう感があり、ソースにお酒を使うので、ほのかに大人の味わいです。ハンバーグはアメリカのレストランを含むあちこちのレストランで食べてきました。また、昼食時に無性に食べたくなった時などは、牛肉１００パーセントではないと承知しながらランチメニューのハンバーグを注文することもあります。そうした日本風ハンバーグも、日本人の口に合わせて工夫をしてあるので、それなりにおいしいと思います。でも、自分の手を脂まみれにしながらひき肉をこねてハンバーグを作るのなら、やはりこの村上レシピなのです。このハンバーグは、ちょっぴり背筋を伸ばしていただくご馳走です。

レシピを紹介します。材料は四人分です。

牛ひき肉６００グラム、あめ色になるまでよく炒めたみじん切りのたまねぎ半個分、パン粉一カップ、卵一個、ナツメグ少々、塩、コショウ少々をボールに入れ、粘りが出るまで十分に練ります。「この時に十分に練っておくと、口当たりの柔らかいものができる」とテキストにあるので、ここはしっかりと練っておきます。「口当たりが柔らかい」といっても、ジューシー系のハンバーグのようになるわけではありません。あめ色のたまねぎは、肉に混ぜる前に粗熱を取っておきます。そしてこの料理は、あめ色の炒めタマネギを使うのがおいしさの秘訣なのですが、ここに一番時間がかかります。そこで最近私は手抜きをして、市販の炒めタマネギを使うこともあります。すると、このハンバーグはあっという間に時短料理になります。

よく混ぜたら、四等分にし、キャッチボールをするようにポンポンと手のひらに打ち付けて空気を抜きながら形を作っていきます。これをしっかりやらないと、焼いているうちに肉がひび割れてきます。そして丸く形を整え、中央をくぼませるのですが、このハンバーグは火を入れるとどんどん厚さが増していくので、こんなに薄くて大丈夫？と思うくらいにするのがポイントです。

フライパンに多めの油を入れ、両面に小麦粉をはたいたハンバーグを入れ、こんがりと焼いていきます。意外に火が通りにくいので、片面を焼いてひっくり返した後は、火を弱めにします。

焼き上がったら余分な脂をキッチンペーパーで拭き取り、ソースを入れて好みの濃度になるまで煮詰めます。ソースはトマトケチャップ3分の2カップ、スープ半カップ（スープの素を水で溶いたもの）、ブランデー大匙2をよく混ぜたものです。ブランデーはシェリー酒やウィスキーでもよいとあるので、私は家に常備しているバーボンウィスキーを使っています。分量も最近はきちんと測らず目分量ですが、けっこう大丈夫です。

このハンバーグはまさに牛肉料理です。ナイフで小さく切って口に運ぶと、牛肉を食べているのだという満足感が広がります。ジューシー系のハンバーグはお箸でも食べられたりしますが、このハンバーグはみっしりと肉感が強いので、やはりフォークとナイフで食べたいところです。それでもやはりステーキとは違い、口当たりの良い食べやすさもちゃんとあり、ご飯との相性もとても良いのです。それはソースの味わいゆえだと思うのですが、基本はケチャップとスープの素だけなのに、なぜこんなにおいしいのか不思議です。おそらく焼いた牛肉の香ばしさと旨み、そして風味の強い酒のなせる業でしょう。デミグラスソースよりも、牛肉そのもののおいしさを味わえ、しかも親しみやすい、最高のハンバーグソースだと思っています。

このハンバーグステーキは、一人前の半分ぐらいの小さなサイズのものも一緒に作っておくと、ハンバーガーにもぴったりです。ソースがケチャップベースなので、好みの野菜やチーズと合わせれば、ちょっと贅沢な味わいの「グルメバーガー」になります。

牛ひき肉が素材の大半を占めるので、選ぶひき肉には少し気を遣ったほうがおいしく仕上がります。スーパーで安売りされているひき肉は、鮮度があまりよくなかったり、いろいろな部位が混ざっていて脂分が多すぎることもあるので、信頼のおける精肉店で買うことをお勧めします。赤味の牛肉をその場で挽いてくれるような精肉店があれば最高です。

中から汁気が溢れだす、柔らかい「ジューシー系」のハンバーグもおいしいのだろうと思います。合いびき肉を使い、つなぎにいろいろな野菜を入れた方が、コストを抑えられるし、低カロリーだというメリットもあるでしょう。どの料理もそうですが、伝わった国や土地の嗜好に合わせて変化したり、バリエーションを増やしていくということは当たり前にあることです。鶏肉のつくねハンバーグや豆腐ハンバーグなども、ハンバーグという名前はついていますが、本来のハンバーグとはある意味別のものだと考え、おいしく食べています。

それでも、この三十数年前に伝えられたハンバーグステーキの力強さは別格です。この飽食の時代においてさえまったく色褪せないおいしさには、本物の持つ底力を感じます。まだハンバーグの作り方を知らない主婦たちも多かった時代に、これぞハンバーグ、と胸を張って言えるレシピを伝えることへの、村上シェフの強い責任感も伝わってきます。

もちろんこのレシピも、日本人向けにアレンジが加えられていて、ドイツ発祥のこの料理のオリジナルをそのまま踏襲しているわけではないでしょう。それでも、ハンバーグステーキのおいしさのエッセンスをなんとか分かりやすく伝えようとする料理人の熱意と誠意が、懇切丁寧なテキストの端々からあふれています。そうしてでき上がった料理は、食卓に幸せをもたらします。

今でも世界中で、主としてハンバーガーとして愛されている、ハンバーグというひき肉料理。ファストフード店は除き、アメリカのレストランでハンバーグステーキやハンバーガーを頼むと、必ず焼き加減の好みを聞かれます。つなぎをほとんど使っていない、牛肉百パーセントの証です。

料理は時代や場所とともに変化していくので、何を好むかは、結局のところ個々人の嗜好であり、そこに優劣や良い悪いはありません。

それを重々承知しながらも、この伝説のシェフの入魂のハンバーグステーキに肩入れしてしまうのを、どうにもやめることができません。

居酒屋「T」のキャベツなべ

鎌倉の、当時の自宅のすぐそばに、「T」という伝説の居酒屋がありました。

十人も入ればいっぱいになる、カウンターがメインの小さな店で、客はほぼ全員が定連。Sさんという、小奇麗で、洒脱で、自身もお酒が大好きな、白髪を短く刈り込んだ年配の男性が一人で切り盛りしていました。

定連はみな、Sさんが好きでその店に集まってきていました。Sさんは、女性客を年齢に関係なく、下の名前に「ちゃん」をつけて呼んでいました。「あけみちゃん」「ようこちゃん」Sさんがそう呼ぶと、空気がちょっぴり華やぎました。女性たちも、それが嬉しそうでした。もはや名前を、ましてや「ちゃん」づけで呼ばれることなどほとんどなくなる年頃の女性たちは、ちょっぴりくすぐったく、ちょっぴりうれしい気分だったはずです。そういうことをしても、決して嫌味にならないSさんでした。

男性も、女性も、Sさんの歓心を買おうとなにくれとなく気を遣っているのが見てとれました。有名店のお菓子や希少な銘酒を差し入れたりする人も少なくありませんでしたが、Sさんはそんな時も、土産を持ってきた客を特別扱いすることなく、もらったものをその場に居合わせたお客に無造作に分けてしまいました。欲のない、そしてなにかにへつらうことのない、筋の通った清廉な雰囲気が、またまた彼の人気を高めることになりました。

「T」は、今は亡き個性派俳優に縁のある店で、その昔は鎌倉在住の文人たちも常連客だったそうです。そんないわれもあってか、大手新聞社の記者、会社社長などの肩書を持つ客も集っていましたが、女権論者で、権威を振りかざす男性が大嫌いだったSさんは、肩書など意に介する様子もなく、メガネの奥からのぞく目をキラリと光らせ、ときにユーモア交じりの皮肉を飛ばしていました。

「T」には、二十代の終わりから四十代前半にかけて、夫と一緒に通いました。家から徒歩5分と近かったこともあり、いつも長居。営業時間は決まっていなくて、「最後のお客さんが女性の場合は朝まで営業」がSさんの口癖だったので、本当に夜が明けてきてしまったこともありました。若かったからこそできた無茶でしたが、「T」は、お酒を飲むことなしには経験できなかったであろう、人間と人生の勉強の場でした。

「T」には、素晴らしくおいしい酒の肴や銘酒があるわけではありませんでした。ごく普通の醸造酒に冷酒、焼酎のウーロン茶割りや梅割り、そして1500円のボトルワインなど。食べ物も、近所の鶏肉専門店から串を打った状態で買ってくる焼き鳥、厚揚げ焼きや納豆、マグロの刺し身、そして、Sさんが中華鍋を振って作るいくつかの炒め物くらい。しかも、自分も飲みながら仕事をするSさんは、深夜になり酔いが回ってくると、炒め物の味付けが怪しくなってしまうこともありました。そんなところまでも愛されてしまう不思議な魅力のあるSさんでした。

そんな「T」に、ある冬、新メニューが登場しました。キャベツなべです。

注文が入ると、Sさんは、キャベツをザクザクと大きめに切り、湯を張ったアルミ鍋に山盛り投げ入れ、豚の三枚肉の薄切りを載せ、酢としょうゆを合わせたたれとともに出します。使うキャベツは一人前が四分の一玉。何とも太っ腹な量ですが、「キャベツなんて安いんだから」と意に介さないSさん。鍋に入りきらないキャベツはざるに入れて渡して寄こしますが、もりもり食べ進んでいる客には、「キャベツ、もっと足してあげようか」と言うことも。

豚肉は高級なものではなく、酢もしょうゆもごく普通の量産品です。それでもあの「T」の空間で、自分専用の卓上コンロを前に、湯気を立てながら食べる「キャベツなべ」は、はたから見てもなんとも魅力的でした。

「T」のキャベツなべを巡っては、こんな思い出があります。

いつも夫と二人で行っていた「T」ですが、ある年、夫が長期出張で不在となり、気心の知れた店なので、私は一人で出かけました。そして、キャベツなべを頼みました。

店の中にいたのは、全員顔見知りの男性が数名。私に配偶者がいることは、もちろん皆知っています。

が、その日、私の隣にとりあえず男性がいないというだけで、彼らの態度が違いました。いつもはSさんを介して時おり言葉を交わす程度なのに、その日、男性たちがやけに積極的に話しかけてくるのです。いつも間の抜けたことを言ってSさんにやり込められている植木屋のおじさんに至っては、「隣、座っていい?」と私のすぐ横に座りました。そして、卓上コンロの火を弱めようとして誤って消してしまった私を見て、「どれどれ、やってあげるよ」と手を伸ばして熱い鍋に触ってしまい、「あちっ!」と声を上げました。Sさんは、「ったく、なにやってるんだよ~」と苦笑いです。

当時、私とSさんとは、お酒を飲みながら、男と女について論争になることがしばしばありました。まだ若かった私は、男性も女性も自分の好みの異性だけに深く関心を持つ、と単純に考えていて、「据え膳食わぬは男にあらず」と言い張るSさんといつも言い合いになりました。でもこの日、男性と女性が、互いをどう見て何を求めるのかは、もしかしたら根本的に違っているのかもしれない、と初めて感じました。「据え膳～」はともかくとして、おそらく男性は広く浅く、女性は狭く深く、という傾向があるのかもしれない、と。生き物としての役割が違うのだから、心も脳も違うはず。中には男性的な女性も、女性的な男性もいるだろうし、理性、教育、思想信条なども影響した個人差は当然あるにしても、男性と女性は違うものだと考えた方が自然だし、世の中のあれこれにつじつまが合うと、今は思っています。それを身をもって学んだ「キャベツなべの夜」でした。

Sさんの訃報を聞いたのは、ある年の冬でした。海外に行っていた間に、「T」の定連の女性から、留守番電話にメッセージが入っていました。泥酔して駅の階段から転げ落ち、そのまま助からなかったそうです。まだ、七十代でした。

晩年、お酒を飲みすぎるようになっていたSさん。小さな事故は、それまでにもたくさんありました。

Sさんが、たくさんの人たちからあれほどの愛を受けながら、どうしても満たされないなにかを抱えている人であることを、私は彼と交わした山ほどの会話から感じとっていました。複雑で貧しかった生い立ち、受けられなかった教育、発揮できなかった能力、戦争でたくさんの同胞の死を横目に生き残った罪悪感、国や権力者への怒り。明るくユーモアいっぱいの表情の背後に、そうした憤りと悔しさが渦巻いているのが分かりました。晩年、お酒におぼれるようになったSさんの事故死は、人生に向き合う気力が尽きた、無意識の小さな自殺であったように感じられてなりません。残念でなりません。

今、キャベツなべは、定番料理としてわが家に定着しています。作るたびにSさんを思い出す、というわけではないほど頻繁に、季節を問わず作ります。

キャベツは甘みが強く葉がしっかりとした冬キャベツも、柔らかくて芯の太い春キャベツも使います。それぞれの特徴に合わせ、煮る時間を変えたり、太い芯は薄くスライスしたりして工夫をします。鍋には水だけでなく、日本酒とニンニクを一かけ入れています。豚肉は、好みの銘柄の肩ロース、バラ、ロースの薄切りなどを気分に応じて使い、酢じょうゆではなく、柑橘類のしぼり汁に麺つゆを合わせた、手軽な自家製ポン酢を用意し、七味唐辛子も添えます。

野菜と肉の割合は好みですが、私は、豚肉はだしに使う感覚で、キャベツを圧倒的にたくさんにします。小さいキャベツなら、夫婦二人で一玉ぜんぶ食べてしまうこともあります。締めには、ポン酢と塩を足してうどんか卵雑炊を。

お腹にたまらない箸休めでも一つ二つ用意しておけば、このなべ一つで栄養もボリュームも十分です。キャベツを切って、豚肉と一緒に煮て食べるだけですから、こんなに簡単な料理はありません。疲れているとき、時間がない時のお助けメニューです。

伝説の居酒屋「T」から生まれたキャベツなべ。

こんなふうに、だいぶ年齢を重ねた「ゆうこちゃん」の家で生き残っていることを知ったら、Sさん、いったい何と言うでしょうか。

第三章

うちにごはんを食べに来ない？

自分で仕切る自由と愉しさ

東京生まれ、東京育ちの私は、大学へも会社へも自宅から通えたため、一人暮らしの経験がないまま二十三歳で結婚し、初めて家を出ました。

結婚を機に、日々の食事を自分で整えるようになりました。「花嫁修業」などという、今では死語に等しい言葉も普通に使われていた時代に、修行などほとんどしていない状態で、夫婦二人とも会社勤めという、時間に追われる多忙な結婚生活をスタートさせました。

料理は以前から好きでしたが、独身時代は、母の助手として一緒にキッチンに立つ以外、作りたいものを時々勝手に作って家族にふるまう程度。当然レパートリーは少なく、料理法や食材に対する知識も今思えばずいぶんと不足していました。忘れられないのが魚の干物です。干物は冷蔵庫に入れておけば半永久的に大丈夫だとなぜか思い込んでおり、もらいものの大好物のエボダイの干物を、大切に冷蔵庫にしまい込んだのです。一週間ほどたって焼いてみたところ、なんと表面からぷくぷくと泡が出てきたのでびっくり仰天。漂う異臭から、傷んでしまったことに気づき、がっくりと肩を落としました。干物もれっきとした「生もの」だという認識がなかったことによる失敗でした。

そんな未熟者でしたが、結婚をきっかけに、食に関する楽しみが一気に花開きました。自分が食べたいものを毎日作って食べる自由。実は長らく求めていたそれが、ついに手に入ったからです。

周りの人たちには、「フルタイムで働きながら毎日ごはんを作るのは大変でしょ」とよく言われましたが、退社後に閉店間際のスーパーに駆け込むなどの時間的な問題を除けば、大変だと思ったことはほとんどありません。夫が好き嫌いなく何でも食べる人であったこと、外食して息抜きする日もあったことなど、プレッシャーを感じずに済んだことも要因ですが、なによりも自分がその日に食べたいものを自由に作って食べられるということが嬉しくてたまらなかったのです。

おそらく私は、小さいころから食についての関心と欲求が人よりちょっとばかり強く、同時に一風変わっていたようです。結婚を機に、食についての自由裁量権を手にして嬉しかった私ですが、一家の食を担う人たち、主として主婦たち母たちが、必ずしも皆そうであるとは限らないこともまた、知っていました。母を見ていたからです。しかし成長期の私は、自分を形作ることで精いっぱいで、そこに立ち入る余力はありませんでした。

サラリーマン家庭の専業主婦だった母は、毎日きちんと食事の支度をしていました。が、時おり「他人が作ってくれたものなら何でもおいしい」と言っていました。そうかなぁおいしくないものもあるんじゃないかなぁ、と私は納得できませんでしたが、今思うと、おそらくそれは文字どおりの意味というより、一種の逃避願望の吐露だったのかもしれません。

母親が家族のために毎日食事を作る姿は子供に大きな安心感を与えるし、健全な成長にも寄与していたでしょう。ただ、料理をする母が楽しそうではないなと感じることも時折あり、そんな時は心がかすかにきしみました。

母が子育てを始めた昭和三十年代、出前の蕎麦や寿司などは「店屋もの」と呼ばれ、一家にれっきとした主婦がいるのに店屋もので食事を済ませることは、微妙に白い目で見られる時代でした。今のように、家族で気軽に外食できるファミリーレストランもなく、宅配のピザもなく、デパ地下で惣菜を買って家で食べる「中食」などもなかったあの頃、母はほかにオプションがないまま、世の中の大多数の主婦がそうであったように、毎日食事の支度をしていました。料理がとりたてて好きなわけでも、食へのこだわりが人一倍強いわけでもなかったのに、今ほど多様な食材がなく、冷蔵庫に「冷凍室」さえなかった時代に、来る日も来る日も献立を考え、こまめに買い物に出かけ、栄養バランスを考えつつ料理をするのはさぞ大変だっただろうと思います。小さいころ、買い物かごを提げた母と手をつなぎ、近所の商店に夕食の買い物に行く道すがら、献立に悩んだ母から、「今日何にしようか、ねえ何がいいと思う?」としょっちゅう意見を求められたことを思い出します。

一方で私は、長じるにつれ、家に帰れば何もしなくても食事が出てくるという状況が必ずしも万々歳ではないと感じるようになりました。自分は母と違い、「他人が作ってくれたものなら何でもおいしい」「上げ膳据え膳が楽でいい」という性分ではなかったのです。もっとずっと食べることにどん欲で、食へのこだわりが強く、何より厄介だったのが、その日その時に食べたいものがはっきりと頭に浮かぶことでした。今日は中華料理が食べたいなぁと思って家に帰ると焼き魚だったり、鍋物がいいなぁと思った日にカレーだったりするたび、小さく落胆しました。そんな自分の食へのこだわりを少々持て余していました。

しかし結婚によって悩みは解決されました。今や、食べたいものは自分で勝手に作ってよいのです。

夫は食べることへの関心は強いものの、私のような細かなこだわりはなく、出されたものは何でも機嫌よく食べてくれるので、食の主導権を私が握っても不自由な思いをする人はいません。仕事をしながらも、昼食を食べ終えてしばらくたつと夕食に食べたいものが自然に脳裏に浮かんでくるので、献立に迷うとことはほとんどありませんでした。もちろん二人暮らしなので、冷蔵庫に残っている食材を使い切らなければならないという制約は日々ありますが、それをどういう方向で料理するかは好きなように決めていいのです。子供が誕生していれば、自分の希望よりも子供が好んで食べるものを作ることに新たな喜びを見出したかもしれませんが、夫婦二人の暮らしがずっと続いたことで、好きなものを自分で作って食べるという状況は、その後、三十年以上にわたって続いています。

日々の料理のレパートリーは、テレビの料理番組や雑誌記事などを参照することで、それなりに増えていきました。これを作ろうという気持ちのスイッチが入るのは、まず少ない食材を使って短時間で作れるもの。さらに材料の取り合わせや調理法が斬新で、できればストーリーがあるもの。この好みは今に至るまで一貫しています。このため、八宝菜、カツ丼といった誰でも知っているオーソドックスな料理はほとんど家の食卓に上りません。分量も適当なので、二度と同じものができないという場合も多く、レシピを書き留めておかなかった場合には、いつとき流行した後、いつの間にか作らなくなってしまうものもあります。

新婚当時、時間のある週末には張り切ってたくさんの料理を作りました。とても二人分とは思えない分量がテーブルに並ぶことも少なくありませんでしたが、それでも太らなかったのは若さゆえでしょうか。

もう一つ、結婚を機に自然と増えていったのが、気心の知れた友人や知人を家に招いて食事をすることです。

レストランやバーなど外の店で会うよりも、家の方が自分たちのペースで自由に振る舞え、相手の本当の姿もよく分かるので、濃密な時間が過ごせるように思います。料理が苦にならない私は、大した料理も作れなかったころから、「うちにごはんを食べに来ない？」と無謀にも声をかけていました。ただし誘うのは人生のその時点で一緒に時間を過ごすことが楽しいと心から思える人だけです。気の張る儀礼的なもてなしを家ですることは、昔も今もありません。そういう場面こそ、一定の状況設定がなされ、料理の内容や進行の責任を店側が分担してくれるレストランが適しているのではないでしょうか。

昔から親しい人を家に呼んで食事をすることが多かったこともまた、食の主導権を持つことが快適だったからだと今は分かります。食へのこだわりは、食を介して人と交わる場面にもつながっていたようです。英語的な表現を使うと「自分が運転席に座る」ということです。自分が好きでやっていることなので、お返しに招き返してほしいと思うこともありません。

自宅ならば、レストランで時に遭遇する、不適切なサービス、雰囲気を損なう他の客の振舞い、早すぎる閉店時間などに水を差されることはありません。できるかぎりくつろいだ楽しい時間にするべく、自分で工夫できます。その際、押さえておくポイントはいくつかありますが、一つひとつはたいしたことではありません。自分が招かれる立場だったらどういうことがイヤだろうかと想像し、それを最小限にするべく対策を講じるだけです。たとえば食べ物が足りない、苦手な食べ物を残すと目立つ、物理的あるいは心理的に料理に手を伸ばしづらい、高価な食材が多く負担を感じる、料理作りにエネルギーを使いすぎて作り手が疲れ果てている、作り手が長時間中座するので一緒に楽しめない、テーブルセッティングや食器などに自慢げな雰囲気が漂う、などでしょうか。

これらを念頭に、好きなものを好きなだけ食べられるよう料理を大皿に盛ったり、食べたくないものがあっても他の料理で満腹になるよう品数とバリエーションを工夫したり、レシピを聞かれたらその場で簡単に伝えられるような手軽な料理を中心にしたり、お酒を飲む人がたっぷり飲めるだけでなく、飲まない人も雰囲気に加われるようにするなどの配慮をします。簡素なメニューばかりになることもあるし、用意できないものもあるので、到底完璧にはできません。でも、こちらが良かれと思っても、人の好みは様々なので、できる範囲で工夫をすればいいと割り切っています。

何よりも大切なのは、招く側が楽しむことだと思っています。それは料理を作ることも同じです。招いた側が楽しそうであれば、それは相手にも伝わり、話も弾み、簡単な家庭料理しかなくても愉快な集いになるものです。幸い、これまで招いた人たちはほぼ例外なく、たくさん食べ、飲み、時間が許す限りゆっくりとくつろいでいってくれました。くつろぎ過ぎて、気が付いたら終電の時刻、ということも珍しくありません。

気軽な集まりでも、事前の準備、当日の段取りなど、招く側の負担はそれなりにあります。それを楽しめないのであれば、最初から企画すべきではないでしょう。無理は禁物です。

誰とならば、どういう雰囲気ならば、どういう料理ならば自分が楽しめるか。そんなことをあくまでも「自分勝手に」考えながら、今も楽しい集いのチャンスをうかがっています。

グリーンサラダにビニール袋

自宅に人を呼んでの食事会を計画した場合、一番重要かつ難しいのがメニュー作りです。自分のための料理にはほとんど悩まないのですが、来客用のメニュー作りはさすがに即決とはいきません。なんといっても食べ手は自分だけではないので、食べられないものを事前に聞いておくくらいはできるとしても、その日にどんなものを食べたい気分なのかは推測の域を出ません。とりあえず、ゲストの年齢や性別に応じて、適切だと思う全体量を考え、その上で「とにかくお腹を空かせて来てね」と頼んでおきます。「空腹は最良のソース」作戦です。

メニュー構成は、肉料理ばかりになったり、揚げ物が重なったりしないよう、食材と調理法にバリエーションを持たせるよう心がけています。ただ、メニューが決定しても、いざ材料を買いに行ったら手に入らないということもあるので、柔軟に考えておくことも必要です。

メニュー作りの際には、調理の段取りも考えなければなりません。たとえば食卓に出す直前にコンロを使わなければならない料理が重なるのはできるだけ避けたいところです。食事会に適しているのは、ある程度まで準備しておくことができ、ゲストの顔を見てから最後の仕上げだけをすればいい料理です。このため、日常の食事にはいいけれど来客時にはNGという料理も、実はけっこう多いのです。

リビングの引き出しには、もう三十年以上使っている小さな手帳があります。各ページには、日付、ゲスト名、メニューが記されています。同じゲストに同じ料理を続けて出すことがないようにと書き始めたものですが、メニュー作りに行き詰まった時には、ゆっくりと腰を下ろしてこの手帳を開いて眺めると、不思議と気持ちが落ち着きます。久しく作っていなかった料理を思い出し、再登場させるということもあります。ゲストの中には、今では疎遠になってしまった友人、離婚してしまったカップル、さらには故人も混じっていて、ページをめくっていくと、人生の道筋をたどるような感慨を覚えます。

このメモ帳からも明らかなのですが、可能な限り必ず作っているのが、新鮮な葉物をメインにしたグリーンサラダです。どっさりと作り、大皿にたっぷり盛ります。

葉物野菜はとにかく色がきれいなので、テーブルにあるだけで雰囲気が華やぎます。いわば、食べられる「卓上グリーン」です。ふわりとしているので量がたっぷりあっても圧迫感がないし、たくさん用意しておけば、サラダ好きのゲストには遠慮なくお代わりしてもらえます。自分自身もリーフサラダには目がないので、残りそうだったらいくらでも食べられるという「安全性」も備えています。

サラダ用の葉物は、できるだけいろいろな種類を用意し、洗ってしっかりと水気を切り、冷蔵庫で冷やしておきます。それを業務用の大きなステンレスボールに入れ、食べる直前にドレッシングで和えます。使うのは、ピーナッツオイル、ホワイトバルサミコ酢、そしてミネラル分の多い天然塩です。いろいろと試した結果この三種類に落ち着き、飽きることなくずっと定着しています。この基本のリーフサラダの上に、他のメニューとの組み合わせも勘案し、様々な食材をトッピングします。それにより、サラダのバリエーションは無限に広がります。

海鮮系にしたい場合は、たとえば白身の刺身やホタテなどを、オリーブオイル、わさび、醤油、おろしタマネギ、柚子こしょうなどを適宜組み合わせたドレッシングでさっと和えたものを載せたりします。肉っぽくしたい場合には、焼肉風に甘辛く炒めた牛肉の薄切りを載せるのもおいしいし、しゃぶしゃぶ用の豚肉を茹で、醤油、ごま油、豆板醤、はちみつで和えたものをゆで卵と一緒に載せ、最後にいりごまとマヨネーズをさっとかけたものも悪くありません。これは若者や男性にも喜ばれるボリュームある一品になります。

サラダをトスする（和える）場合、大切なのはできるだけ大きなボールを使うということです。葉物がボールの中でふわふわ自由に動かないと、ドレッシングが均等に絡んでおいしくならないし、窮屈なボールを使うと、葉が押さしつぶされて見た目も悪くなります。うちでは二人分のサラダを作る場合でも業務用の大きなボールを使っています。しかし来客時には、このボールの大きさが問題になります。準備する料理は普段より多く、しかも事前にある程度まで下ごしらえをしておいた食材は、最終調理までの間、冷蔵庫に保存しておかなければなりません。冷蔵庫の中は満杯になり、最悪の場合入りきれないことも。リーフサラダももちろん食べる直前まで冷蔵庫に入れておくことが必須ですが、ある時、業務用のボールごと冷蔵庫に入れるのは、どうしてもムリという状況になってしまいました。

その時に思い付いたのが、ビニール袋だったのです。

かつてアメリカに二年ほど住んでいたことがありました。日本人が多い西海岸ではなく、東海岸のボストンだったので、特に日本人向けではないアメリカのチェーン系スーパーで、普通のアメリカ人と同じ食材を買って料理を作っていました。野菜の種類は日本に比べると圧倒的に少なく、特にゴボウやレンコンといった根菜類は皆無で、ときどき無性にそれらを食べたくなったことを思いだします。

そんな中、ホウレンソウをよく買いましたが、アメリカのホウレンソウは、軸の長い日本のホウレンソウとはかなり違っていて、葉が厚くて大きく、茎は短い品種でした。最近日本で見かける「縮みホウレンソウ」に似た姿ですが、率直に言ってあれほどおいしくはありません。ともあれ、アメリカのホウレンソウは、ビニール袋に詰め込まれた状態で棚に並んでいました。家に戻り、片手で持てるほどの大きさのその袋を開けて中身を取り出すと、こんなに小さな袋に、と驚くほど大量のホウレンソウがわさわさと出てきました。

来客用の大量のリーフサラダをどうやって冷蔵庫に入れようかと思い悩んでいた時、このアメリカのホウレンソウを思い出したのです。

A4サイズほどのごく普通の透明のビニール袋を取出し、洗ってちぎった野菜を詰めてみました。すると、大きなボールいっぱいにあふれていた野菜が、すんなりと袋に納まったのです。少し空気を入れて口を縛っても、冷蔵庫の野菜室に、信じられないほどコンパクトに収まりました。ドレッシングと和えるため、再びボールにあけると、葉が傷がつくこともなく、あっという間に大量のふわふわ野菜に戻りました。以来、洗ったサラダ用の葉を冷蔵庫で保管する時には必ずビニール袋を使うようになりました。一日二日ならそのまま保存できるので、何回かに分けて使うこともできます。

それをきっかけとして、ビニール袋は調理途中の食材の収納に大活躍するようになりました。炒め物や和え物の材料も、一緒にして大丈夫なものはみんなビニール袋に入れて冷蔵庫に保管しておきます。そうすれば、数人分の材料も驚くほど小さいサイズになります。調理の際に、ビニール袋から中身をフライパンやボールに直接あければ、効率も良く、しかもビニール袋はそのまま捨てればいいので洗い物も増えません。豚肉とタマネギなど、時間差をつけて炒めたい素材の場合でも、袋の底にタマネギを入れ、その上に肉を載せておけば大丈夫です。下ごしらえに限らず、ポテトサラダなどの完成した料理にも使えます。

このビニール袋作戦によって、冷蔵庫内には驚くほど余裕が生まれました。冷蔵庫内のスペースに余裕があると、心にも余裕が生じます。ゲストからは、手土産として、すぐに冷蔵庫に入れたほうがいい白ワインや日本酒、ケーキなどをもらうこともあり、以前は「これをいったい冷蔵庫のどこに入れればいいの?」と途方に暮れるときもありましたが、にっこりとありがたく受け取り、余裕でしまえるようになりました。

テレビの料理番組のように、バットの上に整然と並べられた食材と、計量済みで用意された調味料を使って料理をし、使用済みのバットや調味料の小皿はいつの間にか誰かが片付けてくれるといった状況とは程遠いのが、家庭での来客クッキングです。わざわざ訪ねてきてくれたゲストとの会話も楽しみつつ、料理の最終仕上げをするためには、事前の準備と頭の中でのシミュレーションは欠かせません。

その中でも、ビニール袋作戦はなかなか使える良いアイデアだと我ながら思っています。

魅惑の揚げ物

さて、家での食事会には、前述のように、第一弾としてたっぷりのサラダを出すことが多いのですが、他にも二品くらいを一緒にテーブルに並べるのが常です。その際、どういう料理を取り合わせるのかが考えどころです。サラダは基本的に冷たい料理なので、一緒に出すものが冷製の料理ばかりだと、どことなく寒々しい雰囲気になります。やはり、熱々のものがなにか欲しいところです。

頻繁に作るのが、軽めの揚げ物です。揚げ物は自分が大好きだし、空腹のときに熱々の揚げ物が登場すると、誰でもちょっぴり気分が盛り上がるのではないでしょうか。

揚げ物はやはり揚げたてを出すのがいちばんなので、タイミングや段取りが面倒そうだと思うかもしれません。でも、揚げる直前までの手順を事前に行っておけるシンプルなものを選べば意外に大変ではないのです。ただ、同時進行で火を使わなければならないものが他にもあると少々厄介なので、できるかぎり調理は揚げ物だけに集中できるようにしています。

揚げ物には、大人ならではの抑えどころがあります。それは、カロリーが高いという印象を抑え、さらりと軽やかな雰囲気を出すことです。食事会は日常とは違うちょっぴり特別な場なので、摂取カロリーが多少多めになることはゲストも織り込んでくれているかもしれませんが、過度にオイリーだったり、見ただけでお腹がいっぱいになるようなボリュームの料理は避けたいところです。大皿に山盛りの鶏のから揚げなどは、成長期の子供たちを招いた誕生パーティーには喜ばれるでしょうが、大人の目にはあまり魅力的に見えません。

目指すのは「魅惑の揚げ物」。大人にアピールする、カジュアルで軽い一品です。条件は、ボリューム控えめで、素材がヘルシーで、サクッと軽い食感のもの。おしゃべりをしながら、お酒を楽しみながら、ゆっくりと食べたいので、揚げたてを急いで食べたほうがいいものもあまり適していません。サクサク、パリパリの食感が比較的長く保たれることもポイントになります。

そんな条件を満たす揚げ物として、頻繁に作るのが春巻きです。とはいっても、中華料理店のメニューにあるような、炒めた肉と野菜をあんでまとめて包んで揚げた、典型的な春巻きではありません。少ない素材で簡単に作れることを重視した場合、あの春巻きは手間がかかりすぎ、必要な食材の数が多すぎ、かつ失敗リスクが高すぎます。正直に告白すると、結婚して以来、私はあのタイプの春巻きを作ったことがありません。

　揚げた春巻きの皮というものは、それ自体がサクサクとして十分においしいものです。と同時に、何を包んでもけっこう大丈夫な、懐の深い素材でもあります。そうした春巻きの皮そのもののおいしさを前面に出すべく、火の通りがよく、かつ水気の出ない食材を中身に選ぶと、軽くてそれほどお腹にたまらない、オードブル的な春巻きが簡単に作れます。


　よく作るのが、大葉とささみを巻いた、梅肉味の春巻きです。春巻きの皮に大葉を一、二枚重ね、練り梅か、梅干を細かくたたいたものを薄く塗り、細く切ったささみを載せて巻くだけです。ポイントはささみをたくさん入れ過ぎないようにし、できるだけきゅっと細く巻くことです。ささみの大きさにもよりますが、ささみ三本程度で十本の春巻きが作れます。

　この春巻きは、揚げる直前の段階まで、すべて事前にやっておくことができます。細切りのささみはあっという間に火が通るので、春巻きの皮がきれいなきつね色になれば完成です。キッチンペーパー上での油切れもいいので、失敗なくさっくりと仕上がり、具に水気がほとんどないので冷めてもパリパリの食感は維持されます。二つに切って盛り合わせれば、食べやすさはさらにアップします。味つけは梅だけで十分なので、何もつけずにそのままスナック感覚でパリパリと食べられます。揚げ物でありながら、梅の酸味と大葉の香りがヘルシーでさっぱりした味わいを醸し出すので、誰でも抵抗なく口にできると思います。冷凍保存もでき、その場合には若干低めの温度から揚げ始めます。

もう一つ、最近よく作るようになった春巻きは、エビを使った細春巻きです。細かく切ったゆで海老、みじん切りの生姜および長ネギを、酒、ごま油、片栗粉、砂糖、塩、オイスターソース各少々と一緒に混ぜたものを、春巻き皮の上に細く並べ、巻いていくだけです。こんな少しの具でいいの？と不安になるほど具材を少なくし、棒状に細長く巻いていきます。これはテレビの料理番組で見かけて作り始めたものですが、細い方が見た目にもきれいで食べやすいので、オリジナルよりも具を減らしてさらに細く仕上げています。ネギや生姜、さらにオイスターソースの隠し味により、意外なほど本格中華風の味わいが楽しめます。こちらも巻くところまでは事前にやっておくことができ、冷凍しても全く問題ありません。

春巻きの皮は実に便利な食材です。このほかにも、チーズや餅など、思いついたものをあれこれ包んでみることで、新しい味を自在に作り出すことができます。火が通りやすく、水気の少ないものならまず失敗はしないでしょう。味噌味なども面白いかもしれません。

また、もてなし料理からは外れますが、中華料理店で食べきれずに持ち帰った炒め物を、少しずつ春巻きの皮に包んで揚げてもおいしいものです。それだけでは味気ないわずかな残り物が、新しい一品に変身します。

さらに「魅惑の揚げ物」の仲間に加えたいのが、アンチョビ味の天ぷらです。天ぷらというより、フリッターに近い雰囲気でしょうか。アンチョビを加えることで、ビールやワインにぴったりの洋風の味わいになります。

作り方はこれまた簡単です。小麦粉とベーキングパウダー少々に水を加えて適当な固さに溶き、そこにアンチョビペーストを混ぜて揚げごろもを作っておき、材料をくぐらせてからりと揚げるだけです。一番のお勧め食材はレンコンです。切り方はお好みのまま。薄めの輪切りにして、さくさくとたくさん食べてもいいし、厚めに切り、揚げたレンコンのもっちりした食感を楽しむのもよいものです。いずれにしても、食物繊維たっぷりの根菜なので、揚げ物でありながら、比較的罪悪感なしに食べることができるでしょう。アンチョビは揚げることで風味がまろやかになるので、独特の匂いが苦手だという人でも気にならず食べられるはずです。アンチョビの塩味だけで、何もつけずに食べられるので、ゲストは気軽に手を伸ばしやすいし、調味料の小皿などをテーブルに用意する必要もありません。

レンコン以外では、芽キャベツでもおいしくできます。キャベツとアンチョビはとても相性がいいのです。小さなものなら丸ごと、大きなものは半分に切って、生のまま揚げます。ヤングコーン、カリフラワー、ブロッコリー、エリンギなども大丈夫です。カリフラワーやブロッコリーも生のままで使いますが、具が完全におおわれるように、固めの衣をしっかりと付けること、具を大きくしすぎないことがコツです。そしてたくさん作りすぎないこと。「魅惑の揚げ物」は、もうちょっと食べたい、と思うあたりでなくなるのがちょうどいいのです。楽しんでもらいたい料理は、まだほかにもあるのですから。

肉料理はおつまみ感覚で

何品もの料理を用意する食事会では、やっぱり肉料理もどこかに盛り込みたいところです。いくら野菜中心の料理が軽くてヘルシーでも、そればかりではメリハリに欠け、作る方も食べる方もわくわくしません。お酒もすすみません。

肉料理と聞いて、どんなイメージが浮かぶでしょう。大皿いっぱいに盛られた肉の塊でしょうか。「がっつり」「肉汁たっぷり」などの形容詞でしょうか。確かにステーキ、焼肉、すき焼き、ハンバーグ、シュラスコ、サムギョプサル、ポークチャップ、ローストチキン、フライドチキンといった典型的な肉料理は、どれもみな重量感たっぷりで、食べごたえのある一品です。

しかし、残念ながらこれらの代表的肉料理は、目指す食事会には少々不向きなのです。しっかりした肉料理は、どれも冷めるとあまりおいしくないので、テーブルに出したらどんどん食べてもらわなければなりません。また、ある程度しっかりした量がないと見栄えがしないので、それ一品で相当お腹がいっぱいになってしまう可能性も高いです。なかなかゆっくり会えない多忙な友人知人たちと一緒に過ごす機会をせっかく設けたのですから、心ゆくまで会話を楽しみつつ、時間をかけて料理とお酒を味わいたいものです。一気に料理を食べてしまい、あっという間に食事が終わってはちょっとつまりません。加えて、一気に料理が無くなるという状況は、もてなす側にとってちょっとした恐怖でもあります。空の皿が並んだ食卓というのはあまり素敵な光景ではないので、ホストは席を立ち、なにか食べ物を補充しなければなりません。そうなると頻繁に席を空け、会話の輪から外れることになってしまいます。

肉料理をメニューに加えつつも、せわしない雰囲気にはしたくない。そう考え、食事会には、典型的な肉料理の特徴からできるだけ離れたところにある品を出すようにしています。すなわち、一気にではなく少しずつ食べられる、おつまみ感覚の肉料理です。温かい料理の場合も、少々時間が経ってもそれなりにおいしく食べられるものを選びます。ビーフシチュー、ポトフ、ビーフストロガノフなどのシチュー系の肉料理も、温めるだけですぐに出せて便利なのでメニューに加えることがありますが、これらは「おつまみ系肉料理」には該当しません。こうした料理の場合は、前菜系料理を食べ終わった後に、ゲストのお腹の具合を聞いて最後に出します。いろいろ食べた後なので、通常の一人前よりはずっと少ない量を所望されるケースが多く、それは冷めないうちにどんどん食べてもらいます。すでに食事の終盤なのでそれが自然で、決してせわしない感じにはなりません。

実のところ、テーマの「おつまみ系肉料理」は、コンセプトさえ押さえておけば、具体的にはわりと何でもいいのです。調理法、盛り付け方などを考慮し、自分のレパートリーの中から適当なものを自由に選ぶようにしています。

まず牛肉の場合は、「和風たたき」をよく作ります。

用意するのは、モモ、ランプなど、柔らかい赤身のブロック、ネギの青い部分、生姜の薄切りです。ネギ、生姜と一緒に、牛肉のブロックの周りを高温に熱したフライパンでしっかりと焼き、醤油、日本酒、酢を二対一対一で混ぜたタレに漬けるだけです。焼いたネギと生姜も一緒にタレに入れます。これをおつまみ風にするポイントは、牛肉のブロックを小さ目にカットすることです。タレに漬けておいた牛肉は、食べる直前に薄切りにしていくのですが、私は名刺大ほどの一口サイズにしています。ちなみにこの料理は、早めに作って一、二日タレに漬けておいても大丈夫なので、何かと忙しい来客当日の仕事を減らせるというメリットもあります。

食べる直前に肉をスライスして皿に並べ、漬けておいた時間に応じて量を加減しながらタレを軽く回しかけ、最後に小口切りの浅葱をたっぷりと散らします。

牛肉を一口サイズにしておくことで、少しずつ、ゆっくりと食べることができます。さっぱりとした醤油ベースの味なのでお腹にずっしりとたまることもありません。一回で食べきる量ならば、牛肉は少しで十分なので費用もそれほどかかりません。

豚肉では「煮豚チャーシュー」があります。

タコ糸で縛った肩ロース肉のかたまりを使い、ネギの青い部分と一緒にフライパンで表面をよく焼き付けた後、適量のスープ、醤油、砂糖（あるいはざらめ）で、火が通るまでじっくりと煮るだけです。煮汁をすべてしみこませるか、残ったものを煮詰めてたれとして使います。白髪ネギや香草などの香味野菜をたっぷりと添えると見た目も風味もぐっとアップします。

豚肉料理では、野菜は何も入れずに豚のヒレ肉だけを使った酢豚を作ることもあります。中華料理の炒め物は「おつまみ肉料理」に向かないように感じるかもしれませんが、シンプルに肉だけを使い、小さ目の棒状にカットしておくことで、冷めてもおいしく、お酒の肴にもピッタリな大人っぽい雰囲気の酢豚になります。

作り方は意外にも簡単です。豚ヒレが３００グラムとすると、棒状にカットした肉をボールに入れ、それぞれ大匙１杯程度の醤油とおろし生姜を水分がなくなるまでよくもみ込みます。生の豚肉はあっという間に水分を吸い込み、それによって食感が柔らかくなります。下味をつけた豚肉に片栗粉をまぶし、からりと揚げます。この揚げるところまでは、事前にやっておくことができます。

食べる直前に、酢大匙3、砂糖大匙3、酒大匙1、豆板醤大匙1を合わせたタレを熱し、肉を戻して絡めながら炒めれば完成です。豚肉に片栗粉がついているので、自然にとろみがつき、ダマになる心配もありません。

ダークブラウンの豚肉だけのシンプルな酢豚は、肉の旨味を堪能できし、少しずつゆっくりと食べるのにも適しています。見た目よりもずっと手間いらずで、失敗リスクもほとんどない、お気に入りのメニューです。

最後に鶏料理です。

鶏肉は、サラダや揚げ物の具などにも使うことがありますが、鶏肉だけを主役に据えた「おつまみ肉料理」としてよく作るのは、伝統的なイタリア料理店で見かける「ミラノ風カツレツ」からヒントを得た、鶏ムネ肉のカツレツです。

本家のミラノ風カツレツは、仔牛の肉を使い、パン粉をまぶした薄切りの大きな肉を、たっぷりのバターで炒め揚げにするという、おいしいですが相当に高カロリーの料理です。三十年ほど前、雑誌でこの「ミラノ風カツレツ」を鶏肉で作るレシピを見つけ、それをさらに自分流にアレンジし、現在に至っています。

皮をとった鶏のムネ肉を、繊維を断ち切るように、適当な大きさにそぎ切りにします。目安は一口カツのサイズです。これにトンカツと同じ要領で、小麦粉、卵、パン粉を順につけていくのですが、パン粉の中には、粉チーズとガーリックパウダーをそれぞれ10％、5％程度混ぜておきます。

衣をつけた鶏肉は、多めのサラダオイルでこんがりと炒め揚げにしていきます。一枚のムネ肉でも、大きなフライパンがいっぱいになるはずです。衣がきつね色になったら、粗めのみじん切りにしたパセリをたっぷりと入れ、塩を振りかけて味をつけます。最後にバターをひとかたまり入れ、火を止めます。

バターを最後に入れることで、それほど大量にバターを使わなくても風味をしっかりとつけることができます。また、パセリは油で揚げるととてもおいしいので、たくさん入れ、水分が抜けて緑が濃くなるまで油に通します。

この鶏ムネ肉のカツレツも、パン粉をつけるところまで事前に済ませておけるので、手順的にも来客メニューに適しています。

ランチの場合は、これにサラダとパンだけで、簡単な来客メニューとすることもあります。

これまで紹介してきたすべての料理は、普段の食事でも作ります。来客用の特別なメニューというものは、考えてみればほとんどないかもしれません。人を招くときに、一度も作ったことのないメニューを選ぶ人が時々いますが、そんな冒険はちょっと考えられません。普段から自分が食べて悪くないと思うもの。作り慣れているそうした料理を気軽に作り、自分も一緒にその場を楽しみたいと思っています。

ウーロン茶飯の遠い記憶

　出版不況と言われるようになって久しいですが、中でもとりわけ雑誌は売れなくなったと聞きます。

　出版不況という言葉は、出版業界の構造的な問題を曖昧にしてしまうようで、個人的にはあまり好きではありませんが、雑誌が面白くなくなったという実感は確かにあります。専門性の高い雑誌、社会的意識の高い雑誌の廃刊や休刊が相次いでいるだけでなく、気軽に手に取れる女性誌なども、かつてのわくわく感が弱まったと感じるのは、自分の人生のステージが移ろったことだけが理由ではないと思います。誰にでも分かる広告ページだけでなく、一見普通の編集記事のような誌面にもタイアップや広告企画があふれかえり、商業的な匂いがあまりにあからさまだと感じることも増えてきました。

　女性誌を見ることが一番多かったのは１９８０年代だったでしょうか。今ほど種類は多くありませんでしたが、それぞれの雑誌に個性と伸び盛りの勢いがあったように思います。

美容院で鏡の前に積まれた女性誌の中から気に入ったものを抜き出して眺めるのはなかなか楽しいものでした。特に自分で買うには重くてかさばる、写真満載のハイエンド月刊誌は美容院で手に取るのに最適でした。こんな法外な値段の服ばかり着て、こんなゴージャスな暮らしをする人々がこの国にいったいどれだけいるのかと少々鼻白みつつも、自分の生活に少しでも取り込める情報や知識はないかと隅々まで眺めたものです。

当時、そんな女性誌が「料理大賞」という読者コンテストを毎年実施していました。なかなか力の入った、雑誌の目玉企画で、審査結果が掲載される号は何度か購入したこともあります。作ってみたい料理が複数掲載されていて、出先で眺めるだけではレシピを記憶しきれなかったことに加え、料理写真はもちろん、応募者のコメントや審査員の講評も興味深く、その空気をまるごと手元においておきたい気持ちが沸いたからです。

料理の審査は当時の料理界の重鎮たちが担当し、コメントからは真摯な検討姿勢がうかがえました。上流志向のその雑誌にしては意外なことに、受賞料理は必ずしも高価な食材を使っているわけではなく、それぞれが斬新な工夫を凝らしていて、料理マニアでなくても無理なく作れそうなものが散見されました。

この「料理大賞」は、当時別冊本が作られるほど人気がありましたが、現在はもう実施されていないようです。インターネット上の膨大な投稿型レシピを誰でも手軽に参照でき、個性的な料理ブログも山ほどあり、料理に関して一般人とプロの境が限りなく曖昧になっている今、プロが素人に授賞するという「料理大賞」の使命はもはや終わったのかもしれません。

そんな「料理大賞」で、ある年大賞を受賞した料理が、わが家にずっと定着し、来客のためのご飯料理として貴重な存在となっています。それが「ウーロン茶飯」です。作りやすさ、準備の容易さ、話題性の点で、この右に出るものはなかなかありません。

ウーロン茶でご飯を炊くという意外性のあるこの料理を出すと、「これはいったいなに?」という質問をきっかけに新たな会話が生まれます。独特の香りが食欲と好奇心を刺激するので、満腹であっても意外に食べてもらえる一品でもあります。またお酒と一緒でも違和感がないので、引き続きお酒を楽しみたい場合にも、雰囲気をがらりと変えてしまうことがありません。いわば、無理にシメないラストのメニューです。

作り方もいたって簡単。まず、水の代わりにウーロン茶だけでご飯を炊いておきます。炊いたご飯は冷えても大丈夫なので、あらかじめ準備しておくことができます。これに具を合わせ、オイスターソースで炒めるだけです。具材としては、いろいろ試した結果、「料理大賞」のオリジナルレシピとはちょっと違うのですが、クルミ、カシューナッツなどのナッツ類を適当な大きさに刻んだものと、小さなサイコロ型にカットしたチャーシューに落ち着きました。手間がかからず、手に入りやすく、仕上がりも安定するからです。ナッツは、一種類でもミックスされたものでもいいですが、無塩のものを選びます。チャーシューの代わりに刻んだハムやローストチキンを使ってもよく、さらに醤油で焼き付けた生ホタテを適当な大きさに切ったものや小柱などを加えるといっそう豪華になります。最後に小口切りの浅葱か万能ネギをトッピングすれば完成です。

さあ、最後にちょっと変わったご飯を一口いかがですか、とゲストに声をかけて席を立ったら、フライパンを熱し、あらかじめ炊いておいたご飯と刻んでおいた具材を投げ込み、オイスターソースを入れて香ばしく炒めるだけですから、席に戻るのに十分もかかりません。

すでにほぼ満腹という状況も予想されるので、必ずお腹の具合を尋ねて量を加減し、盛り付けにもちょっぴり工夫をします。どっしりとした感じにならないよう、茶碗に入れたりせず、平皿の中央に、少量盛るようにしています。もちろん、お腹に余裕があるゲストにはたっぷりと。

ウーロン茶で炊いてから炒めたご飯は、なぜかおこわのようなもっちりした食感になります。かすかに甘いオイスターソースの風味と葱の青い香りが、最後の食欲を呼び覚ましてくれます。シンプルな材料なのに、ウーロン茶のほろ苦さとオイスターソースのコクが、意外なほど複雑な味わいを醸し出すので、口にしたほとんどのゲストは「これはどういう味つけ？」と聞いてくれます。「ご飯をウーロン茶で炊いた」「味はオイスターソースだけ」というこの上なく単純な答えにはちょっとインパクトがあるし、手がかかっていないと胸を張って言える料理は、自分が楽なだけでなく、相手に心理的負担をかけずに済むので嬉しいものです。ちなみにこのウーロン茶飯は、ゲストに出す量が少しでよい場合でも、準備していた全量をすべて炒めてしまいます。翌日に持ち越しても、温め直して十分おいしく食べられるからです。

もうひとつ、来客用のご飯メニューとして重宝しているのが、角切りの漬けマグロを入れたちらし寿司です。この料理に出会ったのもまた、「ウーロン茶飯」と同時代の女性雑誌でした。堅実志向の生活雑誌に、当時新進の女性料理研究家の正月料理として、大きなカラー写真とともに見開き2ページにわたって紹介されていました。おいしそうな写真に来客をもてなす愉しさが伝わる文章も相まって、とても魅力的に見えました。

このマグロちらしは、日本で繰り返し作った後、三十代初めにアメリカで暮らした時にも、現地の友人や他国からの留学生を招いてよく作りました。マグロは海外でも比較的手に入りやすく、日本人の作る寿司にみな興味津々だったからです。自分も家で作りたいからと、作り方を習いに来た中国系アメリカ人の友人もいました。

作り方も材料も、ともにシンプルです。酢飯に、ニンジン、ゴボウ、レンコン、干しシイタケなどを油で炒めて味付けした具材を混ぜ、ちらしずしのベースを作っておきます。そこに、角切りにして醤油とわさびに10分ほど漬けておいたマグロを食べる直前に混ぜ込み、もみ海苔や浅葱を散らすだけです。

ウーロン茶飯もマグロちらしも、今では元の記事を参照しなくても作れます。むしろ、どちらの料理も具の種類や量は自分流に変更してしまっているので、限られたキッチンスペースにわざわざ記事を置き、参照しながら調理することはもうありません。それでも、キッチン横の棚にあるポケットファイルには、この二つの料理の切り抜きが今でも入っています。記事の写真と文章は実物を見なくても脳裏に浮かび、思い出すと時間は一気に遡ります。いつのまにか流れた長い時間を、料理レシピを媒介としてリアルに感じます。

人生の中で、ある料理に出会って自分のものにすることは、ちょっと大げさに言えば未来を描くことなのかもしれません。テレビや雑誌で次々紹介されるあまたのレシピの中からある料理に魅力を感じ、食べたい、作ってみようか、と腰を上げる時、背中を押すのは、自分の中に眠る夢であり、イメージする幸福へのアプローチです。

時が流れ、夢が消えたり変質したりするにつれ、いつのまにか作らなくなっていく料理もあります。その一方で、ふと気づくと長い人生の道筋をずっと伴走し続けている、旧友のような料理もあります。

実用的には意味をなさなくなった雑誌の切り抜きをいつまでも手元に置くのは、そんな人生の足跡を見失いたくないからなのかもしれません。

第四章

今夜も一杯

ボジョレーヌーボー、今年はどうする?

ワインという酒の世界はとても広く深いですが、その全体像について自分なりの視座と知識を有している人々が「ワイン通」だと思っています。ワインはとても好きな酒で、特に赤ワインを好んで飲んできましたが、自分はそうした意味でのワイン通ではありません。ワインは家でもレストランでも夕食時に気軽に飲みたいので、ターゲットとするワインの価格帯は狭く、値段の割においしいものを探すことを重視しています。購入するボトルのワインは千円台が中心で、それより安価なカーボンボックス入りのワインも、普段飲みおよび料理用として常備しています。長年の経験から、シラー、グーナッシュ、テンプラニーリョ、ジンファンデール、ソーヴィニヨン・ブランなど、気に入ったブドウの品種がいくつかあり、それに産地を勘案して選べばまあだいたい間違いがないという方針が定まってきています。高級ワインになると途端に分からなくなりますが、この価格帯のワインであれば、ショップであってもレストランであっても、あまり迷うことなく好みのワインを選び出すことができるようになりました。

そんな低価格帯専門のワイン好きの心をざわつかせるのが、毎年十一月の第三木曜日に解禁される、フランス、ボジョレー地方の新酒、ボジョレーヌーボーです。あのワイン、果たして今年も買ったものだろうか。悩んだ末、結局はいつも同じ行動に帰結するのですが、それでも必ず悩むのは、やはり日本でのあのワインのコストパフォーマンスゆえです。

ボジョレーヌーボーは、まだブドウの品種やら産地やらについてほとんど知識がなく、同時に酒屋での選択の余地も今より格段に少なく、手の届く価格のワインを手当たり次第に飲んでいた二十代のころ、エキゾチックな異文化の雰囲気をまとった、夢の詰まった飲み物でした。あの果実味たっぷりの明るいルビー色の液体からは、映画や小説などから想像していた晩秋のパリが香るようでした。当時、ボジョレーヌーボーは今よりさらに高価でしたが、そもそも輸入ワイン全体が高かったので、逆に割高感を感じなかったように思います。

結婚したばかりの頃、東京、目黒の実家近くのビストロで、毎年洒落たヌーボーパーティーがあり、必ず楽しく参加していた時期がありました。まだバブルの狂奔が日本を飲み込む前で、場所柄、近くの大使館関係者なども訪れる、大人の雰囲気の個性的なイベントでした。席は店内だけでなく、外の焼き物台の前にも設けられ、イベント好きなオーナーは、パリの雰囲気を出そうとかならずアコーディオン弾きを呼んでいました。料理も生ガキ、鴨料理、キノコのキッシュ、煮込み料理、デザートの柿のタルトなど、秋らしいものが並びました。主役のボジョレーヌーボーは樽入りのものが用意されていて、飲み放題でした。

　ボジョレーヌーボーは華やかな香りが命ですが、このヌーボーパーティーで飲んだワインの香りは群を抜いて高く、その後、ヌーボーを飲むたびにその記憶と比べてみるのですが、ついぞ匹敵するものに出会えていません。樽詰めのものはやはり違うのでしょうか。それとも高揚した雰囲気の中で飲んだワインの記憶があまりにも美化されているのでしょうか。

　その後、三十代の初めにボストンに住むことになりました。折しも日本はバブルの真っただ中。ボジョレーヌーボーもブームとなり、一気に人口に膾炙することとなりましたが、必ずしもワインそのものを楽しんでいるようには見えないあの大はしゃぎを直接目にせずに済んだことは幸いだったかもしれません。

　アメリカでは、日本に比べてボジョレーヌーボーがはるかに安価であることに驚きました。関税の違いなのか、近距離ゆえの輸送費の違いなのか、その両方なのか分かりませんが、ともあれ大喜びで違う種類を何本か買い、アパートメントの絨毯貼りの床に座り込み、グラスを並べて飲み比べしました。なんて贅沢なヌーボーの飲み方！　あの楽しさ、陽気な酔い心地は忘れられません。

それから二十年以上の月日が流れました。その間、ボジョレーヌーボーはなんだかんだとほぼ毎年飲んできました。でも、二十代の頃に経験したあのヌーボーパーティーほど魅力的なイベントは自分にとってもはや存在しないような気がしたし、小売価格でも十分に高いあのワインをレストランで注文する気にもならなかったので、飲むのはもっぱら自宅になりました。このため目立った出来事や華々しいイベントの思い出が増えることはありませんでしたが、その時々の喜怒哀楽はかえって印象深く蓄積されていったように感じます。特に、気持ちが落ち込んでいる時に夫婦どちらかがあのワインを買ってきて、さりげなく気持ちを盛りたてるということが近年何度かあったことが、じんわりと心に残っています。

ボジョレーヌーボーの季節が来ると、今年も、来年も、再来年も、私は酒屋の前でひとしきり悩むのだろうと思います。ヌーボーの価格は、為替レートにもよりますが、だいたい二千円台。何年か前、大手スーパーがペットボトル入りの数百円のボジョレーヌーボーを売り出した際、試しに飲んでみましたが、やはり値段相応で、ヌーボーらしさを楽しもうと思ったらある程度の出費は覚悟するしかないのだと思い知りました。

それにしても、二千円台かぁ。

デイリーワインに関してあまり選択肢がなかった昔とは違い、今や品質の安定したオーストラリアやニュージーランドのワイン、ニューワールドワインと呼ばれる南米やアフリカのもの、さらにはイタリアやスペインなどヨーロッパで作られたものでさえも、千円ちょっとも出せば、自分の好みに合った、けっこうおいしいワインが買えるようになっています。そんな中、二倍近い価格のボジョレーヌーボーをどうするか。「ボジョレーヌーボーは味が薄い」「しょせん大したワインではない」と評する声に対しては、あのワインはそういう風に向き合う飲み物ではない、と若干の反発を感じるものの、そのコストパフォーマンスの悪さは否定しようがありません。せめて、アメリカで買えるくらいの値段だったらこんなに迷わずにすむのに。

それでも気になるボジョレーヌーボー。

季節の風物詩だからと、土用の鰻などを高い価格を我慢して買うことにはあまり意味を認めない性分なのに、ヌーボーばかりはなぜ迷いながらも毎年買ってしまうのか。それをじっくりと考えてみた時、ふと思い至ったことがあります。

確かに、バブルが去った直後には、あまりにも俗っぽく流行もの的になってしまったように感じたボジョレーヌーボーを、もうちょっといいかなと思ったこともありました。たぶんそれは、自分が若かったからです。ヌーボーに頼らずとも、これから思い出を、人生を、新しくどんどん作っていける時期だったからです。

しかし、そこからさらに歳月が流れ、いつの間にか半世紀以上を生きてみると、また違った感慨が沸くのです。

まだ日本人の大半が、ボジョレーヌーボーに関心など持っていなかった頃から、ドキドキわくわくとあの綺麗な色の若々しいワインを飲み続けてきたという事実。いろいろな場所での、いろいろな人たちとの思い出。毎年必ず十一月下旬に再会するボジョレーヌーボーという一つの動かぬものを基軸とすることで、人生のその時々に感じた歓喜や、胸の痛みや、焦燥や、希望などがいつもよりも分かりやすく、そして懐かしく蘇るのです。

ボジョレーヌーボーを開けた日の食卓では、その年のヌーボーの出来がいいかそうでないかに関係なく、いつもよりも少しだけもの思いがちで、確信犯的にノスタルジックになります。それは、流れてきた時間の重みが、この軽やかな味わいのワインに乗っているからだと気づきました。その感慨をかみしめることなしに季節を見送るのがなんだか惜しくて、毎年「高いなぁ」と渋い顔をしながらも、酒屋でボジョレーヌーボーを手に取り、レジへと運んでしまうのです。

長い年月、ボジョレーヌーボーに費やしてきたお金は、いつのまにか連綿たる追想となって戻ってきていました。そうなった今、余人は知らず、自分にとってのボジョレーヌーボーのコストパフォーマンスは、もしかしたらそれほど低くないのかもしれません。消費行動というものは、必ずしも純然たる商品のクオリティだけでなく、夢や、期待や、時に錯覚によっても促されますが、追想もまたそうなのかもしれません。

年齢を重ねることは切ないことも多いですが、時にこんな余禄もあるのだな、と思います。

小なべで、ひとり牡蠣なべ

食べることが好きだと、おのずと食器や調理器具といった食まわりの品々への関心も高まります。

食器やグラス類については、趣味のアンティーク収集とも重なるため、別に本が一冊書けそうなほどどっさり逸話があります。が、キッチン家電や調理器具となると、機能性や価格を重視し、淡々と選ぶことがほとんどです。

しかしそんな中にも、外観や雰囲気がよく、なんとなく夢があるという、実用性とは少しだけ離れたところに魅力を感じて手に入れるものもたまにあります。機能や価格はもちろん重要ですが、使うたびにうれしい、楽しいと感じるものが身近にあるのも、食生活に潤いを与えてくれます。

たとえば、現在使っている、イタリア、デロンギ社のコーヒーメーカー。

数千円のプラスチック製のコーヒーメーカーでも普通においしく淹れられるコーヒーですが、このデロンギの製品は、アウトレットでも一万円ほどしました。フルメタルの立方体のボディの両サイドは、いかにもイタリアらしい赤でホウロウ塗装されており、そのカラーリングとスタイリッシュな姿に一目ぼれして購入しました。もう何年も使っていますが、使うたびに、ああキレイだなぁと思います。コーヒー通ではないので、淹れたコーヒーの味に違いがあるかどうか、正直よくわかりませんが、買ってよかったと心底思っています。

一方、差し迫って使う予定はないけれど、これを使ったら楽しそう、便利そうなどと思って買っておく調理器具もまれにあります。近所の食器店の半額セールで手に入れた、一人用の小さな土なべがそうでした。

一人用の土なべといっても、なべ焼きうどんなどを作る深いタイプのものではなく、旅館の夕食などで、固形燃料の上に載せられて一人分ずつ出されるような浅型のもので、容量はそれほど大きくありません。実用的というより、これが食卓にあったらちょっと雰囲気がいいかも、と思わせる風貌です。半額だし、いつかチーズでも溶かしてフォンデュ風に使ったらいいかな、などと漠然と考えて購入しました。ちょっと大げさに言えば、将来の食生活への小さな投資です。その後、しばらく出番がないまま放置されていたこの小なべですが、今年の冬、ついに出番が回ってきました。

このなべを引っ張り出させたのは、牡蠣という食材です。

寒くなってくると、無性に牡蠣が食べたくなる日があります。でも、ここ三年ほど、鎌倉の自宅では一人暮らしだったので、スーパーでの購入単位が平たいパックに規定されてしまっている牡蠣は、なかなか手を出しづらい食材でした。

大好きな牡蠣フライを作りたいと思っても、一パック分の牡蠣のフライは少々多すぎます。残りを翌日に回すのも、牡蠣の場合はあまり気が進みません。

そこでふとひらめいたのが、買ったまま眠らせておいた小なべを使って牡蠣なべを作る、というものでした。うまくいけば、ちょっと雰囲気のある食卓になるでしょう。

牡蠣なべにはいろいろな作り方があります。寄せなべ風にさまざまな具材を取り合わせた味噌仕立てのものや、土なべの周囲に味噌を塗りつける土手なべなど、かつてひと通りはやってみましたが、一番好みに合ったのが、生姜をたっぷりと入れた甘い味噌を、汁に溶かずになべの真ん中にこんもりと載せるスタイルでした。味噌を付けながら、あるいは少しずつ溶きながら食べるという点は土手なべに似ていますが、あれほど大量の味噌は不要で、体が温まる生姜入りの甘い味噌が、牡蠣と絶妙の相性なのです。それを、極限までシンプルにしたなべを作ってみようと思いました。具材が少なければ買い物も楽だし、量も抑えられるので、一人ごはんにぴったりです。

牡蠣は一パック全部使いたいので、取り合せる具材は長ネギだけにしました。関西だったら、九条ネギなどの青ネギ系でもいいでしょう。

ネギ一本分くらいをザク切りにし、土なべの底に敷き詰めます。そこに、味を付けないだし汁をひたひたに張ります。だしは昆布でもカツオでも好みで。顆粒のだしの素を水に溶いたものでも十分です。蓋をして火にかけ、ネギに火を通します。

その間に、牡蠣をきれいに洗い、生姜味噌を作ります。材料は、味噌とみりんと生姜だけ。まず、適量の味噌をみりんで固めに溶きのばします。味噌はものによって塩分がかなり違うので、みりんの分量は好みですが、砂糖を入れるレシピもあるくらいなので、甘みがしっかり感じられるくらいがおいしいです。そこに、すりおろした生姜を入れます。この分量も好みですが、私は大きめの一かけぐらい使います。結構思い切った量を入れるのがコツです。

ネギが煮えたら、その上に牡蠣を並べ、ふたをして火を通します。牡蠣がぷっくりとしたら、その中心に生姜味噌をこんもりと載せ、一瞬温めて出来上がりです。生姜味噌はだし汁に溶かずに食卓に出します。好みで七味唐辛子を添えて。

普通だったら卓上コンロで煮ながら食べる牡蠣なべですが、一人分の小なべなので、コンロは省略です。

日本酒かワインと一緒に、湯気の立つ牡蠣の小なべ仕立てをいただきます。熱々の牡蠣を柔らかく煮えた長ネギと交互に、あるいは一緒に、生姜たっぷりの甘みをつけて口に入れると、徐々に体が暖まり、ひき始めの風邪くらいなら飛んでいってしまいそうです。付ける味噌の量によって、濃い味、薄い味と変化をつけて楽しめます。味噌は徐々に崩れて汁に溶けていくのでそれによっても味わいが変わり、飽きません。さらに、浅い小なべの表情により、ちょっとした居酒屋メニュー的な風情を醸し出してくれるのが、お酒を飲む食卓ではことさらうれしいです。もちろんお酒は飲まなくてもいいし、ご飯のおかずにもなりますが、ネギと牡蠣だけのシンプルななべは、味も見かけも大人の料理です。

この料理には、翌日のお楽しみもあります。

すべて食べ終わった後、汁が少々残るので、残った味噌を全部溶き入れてしまいます。少し味が濃すぎる状態になっていても大丈夫。そのまま蓋をして冷蔵庫で保存します。

翌日、汁を温め、こんがりと焼いた餅を入れます。さらにとろけるチーズと海苔を重ね、味噌たれと絡めながら食べると、牡蠣とネギの風味が漂うおいしい一品になります。チーズと味噌は、とても相性がよいのです。

この一人牡蠣なべの話をある友人にしたところ、彼女はさっそく小なべを買いに走り、帰宅時間がバラバラの子供たちの料理を一人分ずつ温め直して食卓に出す時にとても重宝していると教えてくれました。

なるほど。小なべなら、調理器具と皿が一つですむし、ちょっぴりの煮物などでも淋しく見えません。

なくても用は足りるけれど、あると少しだけ食卓の雰囲気がアップするもの。そんなものを楽しむ心のアンテナを張っておきたいと思います。

こういう料理をしたいからこの道具が必要、という考え方は普通ですが、それを逆転させ、この器具があるからこんな料理を作ってみようと、道具からインスピレーションをもらって食を楽しむやり方もあります。少しばかりの想像力が必要ですが、そんな遊びごころがマンネリに陥りがちな日々の食にすっと風を通してくれる気がします。

ヴェネツィアのチキンサラダ

料理をすることは好きな方なのに、料理教室に通おうと思ったことは一度もありません。ほかの生徒と一緒に、先生と言われたとおりにきっちり同じように作り、達成の頂点が先生が教えた通りのものだなんて、なんだか窮屈。決して自慢できる態度ではないかもしれませんが、性分なので仕方がありません。

また、新しい料理を作ることにはかなり前向きなのに、レシピ本を買うこともほとんどありません。料理の完成形と材料と手順が一定の規則に沿って記載され、それがひたすら続いている本もまた、微妙に退屈です。料理研究家の雰囲気に惹かれ、レシピ本を買ったことも何度かありますが、一冊の中で自分のメニューとして定着したのは、多くても一つか二つ。対費用効果は、まったくもって良くありません。

この料理を作ってみよう、と沸き立つ気持ちはいったいどこからくるのでしょうか。もちろんいろいろなケースがあり、一言で定義するのは難しいですが、自分の場合はその時々のささやかな夢、憧れ、想像、追憶といった、料理には直接かかわりのない心の成分が作用しているように思います。たとえば、料理が伝えるある土地の雰囲気への憧憬、あるいはその料理を好む人の感性や世界観への共感などです。
雑誌や新聞で特集された人がインタビューの流れの中で紹介する料理などに興味がわくのは、そうした理由ゆえでしょう。あるいは随筆の中で紹介されている料理もまた、文章の力によって描き出される世界の魅力あるさまを共有したくて、その料理を作る意欲がかき立てられることがあります。

忘れられないのが、今は亡き作詞家の安井かずみ氏が文章の中で紹介した一品です。ヴェネツィアのチキンサラダ。出会ったのは80年代半ばです。80年代は、日本でのワイン消費の黎明期で、ヴェネツィアのチキンサラダは、遠いワインの記憶とともにあります。

ワインが、高級店でかしこまって飲む高価で面倒くさい酒ではなく、食事と一緒に楽しむ普段着の酒として一部の人たちの間で広まり始めたこの時期、日本のワインメーカーは、こぞって「ワイン頒布会」なるものを始めました。ひと月三千円、五千円などのコースを申し込むと、あらかじめセットにされたワインが毎月届くので、今のようにどんな小さな酒屋にもコンビニにもワインが並んでいるという状況ではなかった当時、ワイン初心者には魅力的な企画でした。今ならワインは個別に宅配されるのでしょうが、当時は酒屋に申し込み、酒屋に取りに行くという形だったように記憶しています。

結婚したばかりだった我々夫婦は、すでにワイン好きだったこともあり、マンズワインの頒布会を申し込みました。何シーズンか月々のワインを楽しんだ後、この頒布会は、高価な貴腐ワインへの有害な不凍液の混入という、残念な不祥事で終わりを告げました。しかし、この頒布会の素晴らしさは、実はワインそのものよりも、ワインと一緒に送られてきた「WINE CLUB」という雑誌にありました。

「WINE CLUB」が発行されたのは１９８３年から１９８５年です。ワインの蘊蓄にとどまらない、各界のワイン愛好家の個性的なエッセイ、ワインに合う料理の紹介、旅の中でのワインの物語などが、イメージを大きく膨らませてくれるプロの美しい写真とともに掲載された、魅力あふれる楽しい本でした。書き手やインタービューの相手には、玉村豊男、山本益博、大林宣彦、渡辺貞夫、浅井慎平、小松左京、安西水丸、辻村ジュサブローなど、興味をそそられる人々が目白押しでした。

「WINE CLUB」は、今見直してみても、企画、編集、誌面レイアウトなど、何もかもが秀逸です。ワイン情報誌の枠を超え、ワインを切り口とした「人生の楽しみの提案書」の趣があります。

よく練られた企画に加え、アートディレクターもきちんと起用したスタイリッシュなこの本には、筋の通った編集思想が感じられます。バブルはまだ先ですが、経済は上り坂。文化的にも豊かな時代だったのだと、しみじみ思います。

さて、この「WINE CLUB」のある号に、安井かずみ氏と、当時彼女と結婚していたミュージシャンの加藤和彦氏が登場しました。ワインと音楽を訪ねて、二人がヴェネツィアとローマを巡るというもので、この「『WINE CLUB』全巻の中でも傑出して贅沢な企画でした。

旅の随想記は、安井氏と加藤氏がそれぞれ同じくらいの分量を担当していました。面白かったのは、同じ場面を、それぞれが自分の目線で描写している部分があったことでした。

たとえば、ヴェネツィア到着時の様子。安井氏の書いた文章はこうでした。

「旅の目的地到着日の我家のお決まりのコースは、入浴とシャンペインとルーム・サーヴィスである。

よき旅を願って、まずは乾杯。

そして部屋付きの男にメニューを持ってこさせ、あれこれ選ぶ間も、そして待つ間もシャンペインを飲みながらである」

ここから、ヴェネツィアの旅が詳細に綴られていきます。彼女一流の自己陶酔とスノビズムにちょっぴりうんざりしながらも、それでも妙に引き込まれたのは、未知のヴェネツィアが、はっきりとした自我と美意識を持つ書き手によって描き出されることにわくわくしたからです。

一方、この同じ場面が加藤バージョンではこうなっています。

「部屋に着くと荷物の整理にかかるのがいつもの常。安井の方は「シャンパン、シャンパン」などと叫んで自分のコスメチックなどをちまちまと片付けている。小冷蔵庫からシャンパンの小瓶を取り出し、一杯やりながら荷物の整理をするのは楽しいものである」

こちらは何のけれん味もない、温和で円満な人柄が漂う、誰にも読みやすい文章です。

「シャンペイン」と「シャンパン」という表記の違いもそれぞれの書き手の人となりを物語っているようで面白いですが、何よりも当時この男女が、カップルとしてとても相性がよく、幸福で、人生の愉悦をがっちりと共有しているのだということが、深く、濃く伝わってきました。

この「シャンペイン」の日の翌日、サンマルコ広場のカフェ「クアドリ」で、安井かずみ氏は夫とともにランチをとるのですが、そこで注文したのが、表題のチキンサラダです。

「多分、アメリカ人に合わせてメニューに入れたのだろうが、すでにきちんとイタリア化してある。

ローストチキンの身を細かくそいだものに、オリーヴのみじんとセロリのみじんを2個のレモン汁で和え、自家製のマヨネーズとスパイスして、レタスのベッドに置く。(中略) これをつまみ風にして、軽めの赤ワインとおしゃべりで、けだるく長ったらしい昼食をするのが、ヴェネチィア風過ごし方。エスプレッソなどで、昼食を括る（くくる）必要はまるでない」

このくだりを読んだ直後、チキンサラダは私のメニューになりました。どうして作らないでいられるでしょう。

ローストチキンに対してセロリとオリーブの分量がどのくらいなのか、オリーブがブラックなのかグリーンなのか、あるいは両方なのか。詳細はなにも記載されていません。そういえば、写真もありません。でも、そんなことは何の障害にもなりませんでした。見当をつけて適量とおぼしき分量を混ぜ合わせ、マヨネーズは市販のもので済ませましたし、レモン2個は、イタリアのレモンが小さいのか、サラダが膨大なのか分かりませんが、ちょっと多すぎると感じたので減らしました。それでもとにかく、自分の食卓に、赤ワインとともに「長ったらしい」昼食に合うという、ヴェネチィアの空気を漂わせる料理がやってきました。

以後この一品は、親しい友人との食事会で、レタスをクレソンに変えたり、グリーンサラダにトッピングしたりと、いろいろなバリエーションを試しながら、何度も登場し、いまだに定番となっています。

赤ワイン派だという加藤和彦氏と安井かずみ氏が、「WINE CLUB」で描き出すワインの世界は、やはり「ワインといえば赤」だった、人生駆け出しの我々夫婦に、赤ワインがもたらす独特の酔い心地と、あの深い赤紫色と一緒に沸きあがる幸福な高揚感と、人生の悦びのエッセンスを伝えてくれました。

ヴェネツィアにはおそらく行くことはないだろうと、「WINE CLUB」を読みながら、私は漠然と思っていました。でも、彼らと一緒に赤ワインの香りに包まれてむせ返るように感じ取ったヴェネツィアは、いつまでも心を去ることがありません。行った事もないし、行くつもりもないのに、ヴェネツィアは私にとって、ヨーロッパの中の、忘れられない思い出の街です。

安井かずみ氏が若くして癌で亡くなったこと。献身的な看病の末、彼女を見送った加藤和彦氏が著名な声楽家とあっというまに再婚したこと。その妻ともいつの間にか離婚していたこと。伝えられる消息はわずかで、それも２００９年の加藤和彦氏の自殺で唐突に終わりを告げました。

ヴェネツィアのチキンサラダを高揚感いっぱいで作った二十代の頃、安井かずみ氏と加藤和彦氏は、既成概念にとらわれない個性的かつ幸福なカップルであり、人生の成功者に見えました。しかし今考えると、当時、安井氏は四十代、加藤氏にいたってはまだ三十代だったのです。まだまだ若く、その先には制御していかなければならない人生がずっと長く続いていたことが、今ならわかります。

手軽で作りやすい、ヴェネツィアのチキンサラダ。

その背後には、三十年という時間の流れと、追憶と、芳醇な赤ワインのイメージがあります。

ワインに出会い、「WINE CLUB」に出会い、そしてこの料理に出会ったこと。それは、時を経て、人生のほろ苦い味わいに出会うことでもありました。

「食べログ」の手の届かない世界

自宅から歩いて五分ほどのところに鎌倉鶴岡八幡宮があります。鎌倉で一番メジャーな観光スポットと言ってもいいこの大きな神社が最も賑わうのは、新年の初詣の時期です。

大みそかから新年五日まで、境内には神社を訪れる参拝客を当て込んだ様々な屋台が文字通り軒を連ねます。本殿に向かう参道の両脇、参道と交差する通称「流鏑馬道」、そして夏は紅白の蓮の花が咲く「源平池」の周囲に並ぶ屋台の設営は、早い店では暮れの三十日から始まります。そして大みそかの夕方には、すべての屋台が営業を開始します。

鶴岡八幡宮は、家から鎌倉駅への通り道なので、正月支度の買い物などに出かける道すがら、トラックを乗り入れて屋台の組み立てや食材の搬入を行う出店者たちの慌ただしい様子を子細に観察できます。その活気あるさまを眺めるのは、なかなか楽しいものです。

年内のあれこれをすべて終えた大みそかの夕方、まだ初詣客で混雑し始める前の、営業を始めたばかりの屋台でお酒を一杯だけ飲む、というのがここ十年来の恒例になっています。

数年前の大みそかの夕暮れ、源平池のほとりの焼き鳥屋台に初めて入ってみました。

二つ分の区画を使い、焼き台の前のカウンター席とテーブル席の両方があるその屋台を仕切っているのは、小柄で威勢のいい年配の女性、「おばちゃん」でした。

焼き鳥をつまみに、いつものように日本酒を一杯だけ飲んでさっと切り上げましたが、名残惜しい気持ちが残りました。そこで年が明けた元旦の夕方、今度は少し腰を落ち着けるつもりで再訪しました。

前日の静けさとはうって変わり、屋台は大繁盛でした。テーブル席はすでにいっぱいだったのでカウンター席に座りましたが、その席も、となりに座っていた親子連れが子供を膝に乗せて空けてくれたものでした。本殿への入場規制を叫ぶ放送が流れ、警察官も大勢投入されている、ともすれば殺伐としがちな大混雑の境内で、この屋台には不思議な連帯感と善意が満ちていました。休みなく働いているのは、「おばちゃん」、その娘さん、彼女の小学六年生の息子、さらにがっちりした体格の、同郷らしい「金髪のおにいちゃん」でした。みな同じ方言を話しているので出身を尋ねたところ、茨城で、今は福島のいわきに住んでいるとのことでした。

客の様子を見ると、焼き鳥をつまみながら腰を落ち着けて酒を飲んでいるのはどうやら地元の人たちが多く、おまけにほとんどが常連のようでした。年に一度、正月の数日間しか営業しない屋台に常連客というのは不思議ですが、「おばちゃん」は、うちのお客さんはさぁ、毎年来てくれんのよ～と笑っていました。

こうした屋台にはぶっきらぼうで少々怖い感じの人も少なくありませんが、「おばちゃん」たちはどの客にも温かく応対していました。互いの仲が良さそうなのも居心地の良さに貢献しています。焼き鳥も、混雑の中、好きなものを一本ずつ注文でき、タレか塩かも聞いてくれるので、正月に一気に荒稼ぎする屋台といった雰囲気ではなく、普通の居酒屋のようでした。なるほどこの雰囲気を味わいたくて毎年やってくる地元の常連客が多いのだな、と納得しました。

焼き鳥を数本と、新年なので枡酒を頼みました。が、枡の木組みが緩んでいたようで、テーブルに置くと底からお酒がじわじわと沁み出してしまいました。これではゆっくり飲めないし、だいいちお酒がもったいないので、枡を持って「おばちゃん」のところに行き、枡を替えてくれるよう頼んでみました。

「おばちゃん」は、あらぁごめんね、枡をこれに替えてこぼれちゃった分も足していって、と言いました。私が遠慮していると、「金髪のおにいちゃん」も、そこでさ、一口ぐっと飲んでさ、いっぱい足しちゃいなよ、と。

酒呑みの心をぐっとつかまれました。

その後、モツ煮込みも頼み、焼き鳥も追加し、お酒は熱燗に変えました。熱燗は、紙コップに入れて出されるのですが、薄いコップなので、受け取る時に少し力を入れて持ったら、ペコリとへこみ、お酒が少しこぼれてしまいました。わ、ごめんなさい！と謝ると、「金髪のおにいちゃん」は、これ、こぼれた分、と言って、別の紙コップにお酒を半分ぐらい入れて渡してくれました。私が喜んでいると、奥で「おばちゃん」が面白そうに笑っていました。

焼き鳥を食べ終わった頃、「おばちゃん」は、これ食べてみて、と刻んだ高菜漬けをテーブルに置きました。正月の屋台でこんなサービスをしてもらえるなんて、と驚き、嬉しく食べてみると、とても味のいい高菜漬けでした。

「おいしい？　もしイヤでなかったら、もらってくれる？」

「差し入れでもらったのよ。だけど、ここじゃ食べられないんで無駄になっちゃうから」

そういうことなら、ともらって帰ることにしました。さらに、近くに住んでいるのだと言うと、「おばちゃん」はじゃぁちょっとこれも食べてみて、と大きなプラスチックの保存容器に入った白いご飯を持ってきました。手渡しでもらったそれは、もっちりと甘みのある、良質なご飯でした。

「おいしいっしょ？　福島のお米なんだよ。これももらったんだけど、ここじゃどうしようもないから持ってってくれないかな。もし食べなかったら捨てちゃってもいいから」

それも遠慮なくもらうことにしました。家に戻って、高菜漬けと一緒にチャーハンを作ったらお酒の後にぴったりです。「おばちゃん」は、焼き鳥の持ち帰り用のプラスチック容器二つにごはんをぎっしり詰め、渡してくれました。

「食べ物をいっぱいもらっちゃって、なんだか実家に里帰りしたみたいですね」

「悪いね、なんか押し付けちゃってさ。もらってくれてありがとね」

私は「おばちゃん」と娘さんに、夏になるとこの屋台の前の池には、大きな蓮がいっぱい咲いてそれはきれいなんですよ、と話しました。

「そうなんだってねぇ。他のお客さんにも言われたよ。写真あったら今度見せてよ」

蓮の花の写真はうちにあるからお見せしますよ、と応じると、「金髪のおにいちゃん」は、写真持ってさ、明日も来てよ、と言いました。

最後に「おばちゃん」と一緒に写真を撮り、屋台を出ました。

境内での屋台の営業は新年五日までです。

私は四日にまた屋台を訪ね、約束した蓮の写真とともに、春に池の対岸に咲く満開の桜、もらったご飯で作ったチャーハン、そして元旦に一緒に撮った写真を渡しました。

「おばちゃん」も、娘さんも、「金髪のおにいちゃん」もみな集まってきて、嬉しそうに写真を覗きこみました。

一杯やってく？と言われたので、もちろん、と腰を下ろしました。

この日、テーブル席には、仕事始めから戻ったらしい会社員風の男性たちが数名いて、機嫌よく枡酒を飲んでいました。帰り際には全員が「また来年ね」「絶対来年も来てね」と「おばちゃん」と握手を交わしていました。

私も、お酒を飲み終わりました。

「ごちそうさま。また来年来ますね」と立ち上がると、お店の人たちがみな出てきて、一人ひとり、がっちりと両手で握手をしてくれました。

その二か月後に、東日本大震災が起きました。

「おばちゃん」家族の住む家には、1キロの差でかろうじて津波は届かず、家族もみな無事だったそうですが、それは恐ろしい思いをしたそうです。また、娘さんのお兄さんが経営している熱帯魚店は、ガラスケースがみんな割れるという大きな被害を受けました。しかもその後の原発の爆発。あのおいしかった福島のお米を思いだし、胸が痛みました。

その後も「おばちゃん」の屋台は変わりなく毎年正月の鶴岡八幡宮にやって来ています。その都度何度も足を運び、大みそかの準備中に差し入れをしたり、「おばちゃん」の若いころの写真を見せてもらったり、すっかり親しくなりました。

この正月も、大みそかの夕方、元旦の夜、三日の夜のあわせて三回、屋台に行きました。

三日の夜は、陽が沈んで暗くなっても、「おばちゃん」の屋台には次々に新しいお客さんが入ってきました。テーブル席に座ってあれこれ注文する子供連れ、焼き鳥だけをテイクアウトする若いカップル、鉛筆をもらって自分で伝票に記入する常連客など。

お客さんの応対で忙しい間は「おばちゃん」とも娘さんともあまり話ができないので、一番奥の席に座り、お酒を飲みながら気長に構えることにしました。下の地面がでこぼこなので、丸い座面の小さな椅子はガタガタと安定せず、ストーブがあるとはいえ、長い間じっと座っていると、足元からしんしんと冷えてきます。でも、私もほかの客もそんなことは気にもせず、みな分厚いコートを着たままガタつく小さな椅子の上に背を丸めて座り、陽気に酒を飲み、満足そうに焼き鳥を食べていました。

私も夕食前で空腹だったので、焼き鳥を少しだけ食べましたが、三回目ともなると、正直少しばかり飽きてきていました。こうした屋台の焼き鳥は、おそらくタイあたりから串をうった状態で冷凍輸入された加熱済みのものを店の中で温め、最後に焼き台で焦げ目をつけて提供されます。期間限定の屋台なので、専門店が出すような本格的な焼き鳥など誰も期待してはいませんが、焼き足りないと中まで熱くなっていないこともあるし、既成のタレも絶品とは言えません。日本酒も、紙パック入りの廉価品です。

しかし、それがなんでしょう。この日も、食べたいものがなくなっても、私はまだ帰りたくありませんでした。次はいったい何を頼もうかと、もう完全に暗記してしまったメニューの短冊の上で視線を三往復くらいさせながら、ふと、この屋台が「食べログ」などの口コミサイトに掲載されたら、どんな評価になるのだろうと思いました。

飲食店の住所や電話番号などの情報をネットで調べようとしただけで、検索画面のトップに表示される口コミサイト。そこにはいやでも目に付く得点や星の数があります。でも、この屋台に満ち溢れる幸せな空気、それをもたらしているこの場の魅力を分析し、定量化できる画一的な物差しはありません。

「食べログ」の手の届かない世界がここにはある。

ふとそう感じたとき、無性に愉快な気持ちになり、紙コップの中ですっかり冷めてしまった燗酒をぐっと飲み干し、お代わりを頼みに席を立ちました。

第五章

食の愉しみは国境を越えて

コチュジャンで楽しむ刺身

コチュジャンという韓国の調味料があります。焼肉店などにはかなり昔から置かれていたので、日本人でもほとんどの人が知っているのではないでしょうか。

コチュとは韓国語で唐辛子のことで、ジャン（醤）はタレ状の調味料の総称です。味噌はテンジャン、醤油はカンジャンと言いますが、それぞれ日本のものとは風味が少々異なります。日本でも味噌や醤油は地方によって味わいが異なり、特に味噌は家庭で手作りする場合もありますが、韓国のコチュジャンやテンジャンも、地域や作り手によって材料、作り方、味わいは様々です。日本でも見かける、大手メーカーが作っている赤や茶色のプラスチック容器に入ったコチュジャンやテンジャンがすべてではありません。一度、韓国の知人から、寺で僧侶が手作りしたのだという貴重なコチュジャンを分けてもらったことがありますが、それまで食べてきたコチュジャンとは味わいも質感もまるで違う、滋味あふれるおいしさでした。甘みも抑えられていて、それは砂糖や水あめを添加せず、もち米麹の発酵だけで甘さを出していたからだと思います。発酵熟成によって唐辛子の辛さがまろやかになるコチュジャンは、用途の広いおいしい調味料です。

コチュジャンは常備しておくと大変に重宝します。牛肉や豚肉と野菜を炒める際にコチュジャンを加えると、ピリ辛の韓国料理風な味わいになるし、スティック野菜を食べる場合も、マヨネーズにコチュジャンを加えたディップを作れば、おいしいだけでなく、マヨネーズの量を減らせるのでカロリーオフにもなります。

さらに、普通の日本の味噌汁にコチュジャンを加えた「コチュジャン味噌汁」もおいしいものです。味噌汁の具は特に選びませんが、コチュジャンによって甘みが加わるので、それと融け合うよう、根菜類など、具も汁の中に甘みを出すようなものは間違いありません。ニンジン、大根、ジャガイモ、ネギなどをふんだんに入れた具だくさんの味噌汁に、好みの量のコチュジャンを加えると、ぐっと味の深みが増します。日本料理でも、合わせ味噌といって、複数の味噌を合わせて味にコクを出すテクニックがありますが、コチュジャンも発酵食品で、一種の味噌とも考えられるので、コチュジャン味噌汁も、合わせ味噌と同様の効果があるのではないでしょうか。

このコチュジャン味噌汁は、どうしても同じ食材、同じ料理を繰り返し食べることになりがちな一人暮らしの強い味方にもなります。

根菜ゴロゴロの味噌汁を多めに作っておき、一日目は普通にそのまま食べ、残りにコチュジャンを入れて味に変化をつけるのです。この「コチュジャン味噌汁」は、そのまま食べてももちろんよいのですが、ご飯を入れるという、普通の味噌汁とは違った食べ方にも対応できます。日本の味噌汁にご飯を入れるのは、少々行儀がよくない感じがして抵抗がある人も多いと思いますが、コチュジャンを入れると、汁物としての表情が一変するのです。韓国には、様々な具の入った汁ものにご飯を入れた「クッパ」という食ジャンルがあり、「コチュジャン味噌汁」にご飯を入れれば、「猫まんま」ではなく、クッパ風になります。

その際に、卵を入れたり、海苔やわかめを足したりしてもいいし、ごま油やすりごまを加えれば、さらに韓国風味が高まります。コチュジャンが入っているだけで、汁に合う具材の幅も一気に広がり、たとえば焼肉風の薄切り肉を加えるのも悪くありません。そうなると、栄養バランスも思いのまま。一品で結構ちゃんとした食事メニューになります。

さらに「コチュジャン味噌汁」には、うどんや焼いた餅を入れてもおいしいものです。うどんと一緒に土なべに入れて卵を落とせば、簡単な「ピリ辛なべ焼きうどん」に変身します。

このように、炒め物の調味料にしたり、汁物の味に変化をつけるためにコチュジャンを使うことは、日本人でも比較的受け入れやすいと思います。しかし「韓国では刺身にコチュジャンをつけて食べる」と聞くと、反射的に抵抗感を覚える人はかなり多いのではないでしょうか。私もかつてはそうでした。

韓国のドラマや映画にも時おり登場しますが、韓国で刺身を注文すると、たくさんの葉物野菜と一緒に、必ずコチュジャンベースのタレが出てきます。

韓国の刺身「フェ」は、海沿いの産地、水産市場内の食堂、あるいは特別な輸送ルートを持つ専門店で食べるごちそうで、基本的に活魚を一尾丸ごとさばいて作ります。日本のように、どこの居酒屋にも一人前五貫付の刺身がある、という感じではありません。鯛、カレイ、ヒラメなどを一尾丸ごと使うので、価格も数千円から一万円ほどと、決して安くはありません。ただし、それを一品だけ注文すれば、他の料理は無料でたくさん出てくるし、残ったアラもメウンタン(辛い鍋)などにしてもらえるので、三、四人で食べれば思ったほど高価ではありません。

主役の刺身は、日本と同じように活造りで出てくることが多く、肝やえんがわなどが食べられる場合には、余すところなく一緒に添えられます。国土の三方を海に囲まれ、近海に良い漁場を持つ韓国の人たちも、日本人と同様、魚にとても親しんでいて、おいしく食べることにどん欲です。

韓国で、刺身と一緒に出てくるのが、サンチュやエゴマの葉などの包み野菜と、魚につける酢コチュジャンです。たいていは、日本式にわさびと醤油も一緒に出てくるので、どちらの味も楽しむことができます。

韓国風の刺身の食べ方は、まず薬物を一、二枚とり、その上に刺身をのせ、酢コチュジャンを付けた後、葉をまるめて口に入れます。刺身に野菜なんてジャマだ、コチュジャンの辛くて濃い味はせっかくの新鮮な刺身の風味を台無しにする、と顔をしかめる人も多そうですが、実際に食べてみると、その予想は覆ります。

韓国人の友人に初めて韓国式の刺身料理店に連れて行ってもらった時、私もまさに「目からうろこ」の経験をしました。

注文したヒラメの活造りが運ばれてきたとき、醤油とわさびもあったので、とりあえず安心しました。最初のひと切れは、慣れ親しんでいるわさび醤油で食べてみました。コリコリとした食感の、とても新鮮な天然ものの魚でした。しかし、やはりその土地のものはその土地の食べ方で味わってみるべきだと、次は思い切って韓国風を試すことにし、サンチュとエゴマで刺身を包み、酢コチュジャンをつけて食べてみました。すると、その味わいは想像とまるで違っていたのです。予想外のおいしさに感動し、この味に出会ったことで、自分の「刺身観」はがらりと変わりました。

みずみずしい葉をさくっと噛み破ると、野菜にも刺身にも合う酢コチュジャンの味をまず感じます。この爽やかな味わいの後、若干遅れて刺身の味が口に広がります。すべて一緒に噛んでいると、口の中で酢コチュジャンと刺身は混ざり合いつつも、刺身はどこかで酢コチュジャンから独立し、最後まで本来の味や香りを失うことなく、そのまますると飲み込まれていくのです。いろいろ一緒に口に入っているはずなのに、刺身の味わいは、醤油で食べる時よりむしろはっきり際立っているのです。この不思議な味わいに魅了され、この後私は醤油とわさびに戻ることなく、ひたすら酢コチュジャンで刺身を食べ続けました。

どんなに刺身がどっさりあっても、韓国式だと全く飽きることがないことにも気づきました。日本の旅館などで夕食に出される豪華な刺身の舟盛りは、量が多すぎると飽きてくることがあります。また、あまりたくさん食べると、醤油の塩分で後から喉が渇くこともあります。しかし、韓国風の食べ方だとそういうことがないのです。何種類も出される包み野菜の種類を変えて食べたり、時には刺身だけを食べたりして変化を付けられるうえ、酢コチュジャンは醤油ほど塩分がないので喉も乾きません。

刺身には醤油が一番だと信じている日本人は多く、新鮮な魚介類がある海外に行くときには、醤油の小さなボトルとわさびのチューブを持参する人もいます。しかし、刺身の食べ方を分かっているのは日本人だけではないのだと、この酢コチュジャンの刺身を食べて感じました。むしろ、刺身の繊細な味わいを損ないそうな酢コチュジャンの方が、刺身本来の味が分かるとも言えるのです。おそらくそれは、酢コチュジャンに含まれる油分のためでしょう。酢コチュジャンにはごま油が入っているので、この油が被膜を作り、それが刺身に味がしみ込むことを防ぎます。このため酢コチュジャンは、口の中で刺身と一緒に混ざり合いつつも、刺身の内部に浸入せず、表面をするりと滑るのです。すべて飲み込んだ後、口の中には、包み野菜でもコチュジャンでもなく、刺身の味わいがはっきりと残ります。これは食べてみなければわからない意外な食感です。

最終的には好みの問題ですが、この酢コチュジャンで食べる刺身、一度は試してみても損はないと思います。

今では、家でも刺身を酢コチュジャンで食べることが多くなりました。

酢コチュジャンは簡単に作れます。

コチュジャン、酢、ごま油、おろしにんにく、砂糖を混ぜ合わせるだけです。おろし生姜を少量加えるレシピもあります。青魚には生姜入りがよく合います。コチュジャンの分量が一番多いですが、酢やごま油も結構入れます。砂糖はコチュジャンの糖分によって調整しますが、どの材料もそれほど神経質に配分せずとも、自分の好みに合わせて作ればいいと思います。

酢コチュジャンは、白身魚、青魚、貝類、タコ、イカなど幅広い種類の刺身に合います。ただし、カツオは大丈夫ですが、マグロだけはあまり合わないようです。韓国では、マグロの刺身は、マグロ専門店で食べます。刺身専門店にマグロがあることはまずありません。マグロ専門店では、わさび醤油とともに、ごま油と塩が出されます。このごま油と塩もまた、酢コチュジャンと同じように「油分が刺身に浸みこまず表面を滑る」ので、マグロの味わいが活きます。特に赤身のマグロには、醤油よりごま油と塩のほうが断然おいしいと個人的には思っています。ごま油と塩をつけたマグロは、韓国海苔で巻いて食べたりもします。

酢コチュジャンといえば、忘れられないのが済州島です。

海外からの観光客にも人気の高い、「オルレ」という、島を一周するウォーキングコースを歩いたときのことです。朝からずっと歩き続けた夏の昼下がり、海のすぐそばで、海女たちが、採れたての貝類をさばき、その場で観光客に食べさせているのが目に入りました。ブルーシートを屋根代わりに差しかけただけの、店ともいえない簡素な営業形態で、客はブルーシートの下の岩場に座って食べるのですが、アワビ、サザエ、ナマコ、ホヤが盛り合わせられたアルミ皿の横には、酢コチュジャンと生のにんにくの薄切りが添えられていました。きっと日本人はわさび醤油が欲しいと思うのだろうなぁと想像しつつ、すでに酢コチュジャンのおいしさを知っていた私は、周りの韓国人と一緒に、酢コチュジャンをつけながら、新鮮この上ない海の恵みを堪能しました。磯の香りが口中に広がり、同時に酢コチュジャンの柔らかい甘辛さと酸味が、一日歩き続けた体に染み入りました。暑い日でしたが、食べた後に喉が渇くこともありませんでした。

今住んでいる札幌では、近海で取れた新鮮な刺身が、首都圏では考えられないほど安く売られています。特に春先のニシンは絶品です。そんな刺身をたくさん買った時には、必ず酢コチュジャンを作ります。薬物が手に入れば、かならずそれも添えて。

他国の食文化に触れ、思い切って飛び込んでみると、食は楽しく豊かになります。そうしたことが、違う文化に敬意を払い、違いを認めたうえで尊重し合うことにもつながっていくように思います。

コチュジャンで楽しむ機内食

刺身に続き、コチュジャンが食をがらりと変えた経験がもう一つあります。それは機内食です。

韓国に行くときにはできる限り韓国のキャリアを使います。韓国の二大キャリア、アシアナ航空と大韓航空では、羽田―金浦など、比較的短い飛行時間のフライトでも必ず機内食が出ます。しかも、たいていは二つのメニューから選べるホットミールです。この機内食サービスへの姿勢には、もてなしには食べ物が絶対に欠かせないと考える韓国らしさを感じます。

これらの韓国エアラインの機内食カートには、小さなチューブに入った一人分のコチュジャンが用意されています。アシアナ航空では、機内食のトレイに必ずコチュジャンのチューブが添えられていた時期もありました。大韓航空のトレイでは見かけたことがありませんが、「コチュジャンはありますか」とアテンダントに言えば、必ずもらえます。食事メニューがいかにもコチュジャンを使いそうな韓国料理でなくても大丈夫です。

エコノミークラスの機内食は、どのエアラインも正直に言ってそれほどおいしいものではありません。もちろんエアラインごとに差はあるし、限られたコストの中での努力は認めるものの、四角い皿にぎっしりと料理を詰め込み、冷めないよう厚手のアルミホイルで密閉して長時間置くため、素材本来の味わいが弱まり、匂いが混じり合い、どうしても機内食独特の雰囲気を醸し出してしまいます。通常の料理とは違うその感じは、食べ終わった後も体に残る気がします。

それを大きく変えたのがコチュジャンでした。

ある年の韓国旅行でアシアナ航空に乗りました。その時には、何も言わなくても機内食のトレイにはコチュジャンのチューブがありました。

隣の席には、一人旅の韓国人男性が座っていました。年齢は三、四十代でしょうか、旅慣れた知的な雰囲気で、研究者、あるいはビジネスマンだったのか、分厚い英語の資料を眺めていたことを覚えています。

離陸後、機内食が配られました。正確には覚えていませんが、主菜はおそらく肉と野菜のソテーのようなものだったと思います。西欧料理ではないものの、はっきりと韓国料理と呼べるものではありませんでした。
ふと隣の韓国人男性を見ると、彼は、皿にかかったアルミホイルを外すなり、料理の味を確認することもなく、迷うことなくコチュジャンのチューブを勢いよく絞り、一気に全量を料理にかけたのです。まるで食堂で割り箸を割るような自然で淡々とした振る舞いに驚き、私は隣にいた夫と顔を見合わせました。やっぱり韓国人は違うなぁ〜。

ならば、と我々も彼に倣い、コチュジャンを少しだけ料理の端っこにかけてみました。そして若干おそるおそるコチュジャンをソースに混ぜて食べてみたのですが、一口食べて、予想以上の変化に驚きました。俄然風味がよくなり、なによりあの機内食臭さが消えていたのです。最初は味が濃くなりすぎることを心配して少しだけ使ってみたのですが、まったく問題がないので、徐々にコチュジャンを増量していき、ついにはチューブの中のかなりの量を使ってしまいました。さすがにこの時には、全部を使い切る勇気はありませんでしたが。
一言でコチュジャンといっても、その辛さ、甘さ、塩分などはまちまちです。航空会社が積んでいるコチュジャンは、外国人客への考慮もあるのでしょう、辛さも塩分も控えめです。

ともあれ、コチュジャンによって料理の雰囲気は一変しました。単なる味付けの変化を越え、機内食が「普通の料理」に昇格したのです。それは、大げさなようですが衝撃的ともいえる経験でした。その変化をもたらしたのは、おそらく発酵食品であるコチュジャンが持つパワーでしょう。機内食の空気に染まっていないコチュジャンが、チューブから解き放たれて呼吸を始め、活気を失っていた料理に命を吹き込んだ、と言えばいいでしょうか。塩やドレッシングとは次元の違う力が、確かにコチュジャンにはあったのです。

それ以来、韓国のエアラインに乗るたび、食事の際には必ずコチュジャンをもらうようになりました。チューブにはエアラインのロゴマークが入っており、会社としても重視しているアイテムのようです。

メインの料理がプルコギだったときには、コチュジャンをたっぷりと混ぜたあと、丸いパンをぱっくりと割って、間に挟んで食べてみました。これぞ本当のプルコギバーガーです。かすかに甘みのあるパンとコチュジャンの風味がよく合って、たいそうおいしく食べることができました。

また、クリームパスタを出されたときにも、コチュジャンをお願いしました。もちろんパスタのソースに混ぜるためです。意外かもしれませんが、クリームやチーズなどの高脂肪の乳製品とコチュジャンはとても相性が良いのです。ホウレンソウを練り込んだ緑色のフェットチーネにたっぷりとかかったクリームソースへコチュジャンを全部混ぜ入れると、ソースはきれいなシャーベットオレンジ色になりました。クリームソースの塩味が控えめだったこともあり、コチュジャンを加えたことで、ソースは俄然コクが出ておいしくなりました。一緒に頼んだ韓国ビール「Hite」がすすむ、心地よい食事でした。

レストランや自宅の料理に、何でもかんでもコチュジャンを混ぜることをお勧めするわけではありません。でも味がぼやけがちな機内食の場合は、かなり広範囲の料理にコチュジャンは有用です。洋風のソテーでも、トマトソースでも、丼系のメニューでもたいてい大丈夫。コチュジャンを使うことで、多くの少々残念な料理を「救済」することができます。

このようにコチュジャンの持つ懐の深さを、機内食を通じて経験したことにより、さまざまな場面で、コチュジャンを料理に使う想像力が働くようになりました。たとえば、香りの強い春の山菜との取り合わせです。

北海道の平取町（びらとりちょう）という、アイヌ文化が色濃く伝承されている、自然豊かな町に行ったときのことです。北海道の遅い春の一日。現地の知人の案内で、山を歩きながら山菜狩りを楽しみました。清流を渡り、斜面を登り、自然の息吹を全身に感じつつ歩くこと数時間、たくさんの山菜が採れました。セリ、ミツバ、ヨモギ、ワラビ、シドキ、フキなど。

この中で、セリやミツバは新鮮なうちに生で食べてみたいと思いました。セリを生で食べるというのは、韓国での経験があったからかもしれません。しかし、この香りの強い山菜に、普通のサラダ用ドレッシングは太刀打ちできないでしょう。そこで思い付いたのが、コチュジャンでした。刺身も加えて一緒に和えたら、春の恵みたっぷりの香り高い料理になりそうです。

さっそく寿都（すっつ）産の、首都圏の人間には信じられないほど安価な天然ヒラメを一柵買い求め、コチュジャン、ごま油、酢、おろしにんにく、砂糖を混ぜたたれを作りました。これは、刺身につける酢コチュジャンと同じ材料です。セリ、ミツバ、ヨモギの柔らかそうな葉をたっぷりとちぎり、薄切りにしたヒラメと一緒にボールに入れ、コチュジャンだれでざっくりと和えます。これは、韓国では「ムチム」と呼ばれる和え物の基本的な調理法ですが、コクのあるコチュジャンのたれと、たっぷりの香り高い山菜とともに食べる新鮮な刺身は、待ちに待った北国の春の息吹が詰まった幸せな味でした。

おそらく、こんな山菜の食べ方は、地元の平取町の人たちもまずしないでしょう。それを思いついた理由の一つは、韓国各地の伝統的な料理を紹介するテレビ番組をずっと見続けていたことですが、それとともに、頭を柔らかくすればコチュジャンはかなり幅広い料理に使って楽しむことができるのだということを「機内食にコチュジャンがけ」で身をもって経験したからだと思います。

「必要は発明の母」パスタ二種

食べたいと思う料理を、食べたいと思う時に作って食べる。

これはどうにも譲れない自分のワガママなので、無理のない範囲で貫くようにしています。とはいえ「食べたいもの」に該当する範囲はそれほど狭いものではなく、また「本マグロのトロ」とか「サーロインのステーキ」など、高価な食べ物への欲求が湧くこともまずありません。素材や調理法や料理ジャンルがざっくりと合っていれば満足だし、そもそも高級料理はほとんど食べないので、自分の食のテリトリーとして脳内にインプットされていないのでしょう。

ともあれ、作る予定ではなかったもの、あるいは冷蔵庫の中身と合致しないものを食べたくなるという事態は頻繁に生じるのですが、新たに食材を買いにスーパーに飛んでいくわけにはいかない場合もあります。ならば、あるもので何とか自分の要求を満たすしかなく、時にそれが「必要は発明の母」料理を引き出すことになります。

気まぐれな食への欲求が生み出した「必要は発明の母」料理のなかには、そのまま定番料理として定着したものもあります。たとえば、二つのパスタ料理です。

ある年、とても治りづらい風邪をひきました。一番しつこい症状が鼻炎だったため、鼻づまりのため匂いがほとんど分からないという日が続きました。匂いが分からないまま飲食をすることほど味気ないものはありません。夕食時には欠かさないお酒も飲む気にならず、食事はまったく楽しくありませんでした。ようやく完治して嗅覚が戻った時、赤ワインが猛烈に飲みたくなりました。そして、赤ワインと一緒にどうしても食べたかったのがパスタだったのです。

その日に予定していた夕食は、豚とキムチとキャベツの炒め物でした。しかし気分は完全にパスタ！　炒め物用の食材をそのままパスタの具材に流用するというのも、いま一つ気乗りがしませんでした。買い物に行くのも面倒です。そこでひらめいたのが、買い置きの缶詰を使ってパスタを作ってみるということでした。これが、一つ目の「必要は発明の母」パスタです。

材料は、醤油味のサンマの缶詰のみ。サンマの缶詰は気に入った銘柄のものがあり、この料理を思いついた日は、その買い置きがありました。缶詰さえあればできてしまうこの便利なパスタは、作り方も大変に簡単です。

まず、みじん切りのニンニクと鷹の爪をオリーブオイルで炒めます。アリオエオリオを作る要領です。そこに缶詰のサンマを汁ごと入れてさっと炒め合わせ、茹で上がったパスタと絡めるだけです。固形量150グラム程度のやや大きめの缶詰一つで二人分です。トッピングには、きざみ海苔をたっぷりと。浅葱や大葉も合います。

この料理にはサンマの缶詰を汁ごと使うので、少々値が張っても自分の好みに合ったおいしいものを選ぶのがポイントです。サンマでなく、醤油味のイワシやサバの缶詰でもいいかもしれません。蒲焼缶はタレにとろみがついているので適しません。

オイルサーディンのパスタはよくありますが、和風の甘辛い醤油味のサンマとニンニクのパスタも悪くない味わいで、軽めの赤ワインによく合います。醤油や味噌といった日本の発酵調味料は、実は赤ワインととても相性がよいのです。長い風邪を乗り切ったその日、このパスタと一緒に、赤ワインの香りを存分に楽しむ幸せを久々に堪能しました。

さらに「必要」は自分の欲求からではなく、一緒に食事をする相手から発生することもあります。ある日、夫がこう言ったのです。

「ねえ、キムチを使ったパスタってできないのかな」

それは、私も以前からなんとなく考えていたことでした。

キムチを肉や野菜と炒めてパスタに合わせるのも悪くはないかもしれません。でもそれでは、ご飯でなく、わざわざパスタを選ぶ意味がない気がします。

ふっと浮かんだのが、冷蔵庫に入っていた生クリームでした。キムチはクリーム味と合うのではないかと思ったのです。


その発想の元になったのは、時おり作るキムチチジミでした。ボールに市販のチジミの粉を入れ、水を加えて適当な濃度にした後、キムチを千切りにして加え、さらにピザ用チーズを加えてよく混ぜ、多めのごま油を熱したフライパンで焼くだけの簡単料理です。


このチジミはキムチが味を付けてくれるので、別にタレを作る必要がなく、焼き上がったらそのまま食べられます。ほんの少しだけ残ってしまったキムチを使い切るため、小さな一枚をさっと焼くこともあります。あんな風にキムチとチーズが合うのだから、同じ乳製品のクリームとも合うのではないかとひらめいたのです。

作り方は、二人分の場合、まず鶏ひき肉（あるいは豚ひき肉）１５０グラム程度とニンニクのみじん切りを炒めます。肉の色が変わったら、太めの千切りにしたキムチを加え、さらによく炒めます。キムチによって味は結構違うので、分量は好みに応じて加減しますが、それほど神経質になる必要はありません。一緒に韓国の粉唐辛子も加えて、新鮮な辛みをプラスすることもあります。

肝要なのは、キムチをよく炒めることです。キムチは炒めていくうちに徐々に唐辛子の色が抜け、だんだん元の白菜の色に近づいていきます。同時に唐辛子がわずかに黒ずんで、四川豆板醤風の色合いになります。そうなると、キムチそのものの匂いとは違う、なんともいえない香ばしい匂いに変わります。その香りが出るまで炒めます。キムチの漬物感や酸味がなくなり、料理に溶け込んで複雑なコクを与える旨みに変わります。

ちなみにこれは、韓国人なら誰でも知っている、キムチを加熱して使う時の「鉄の掟」です。豚キムチ炒めでも、キムチチゲでも同様です。また、炒めて使うキムチは、漬けたてのあっさりした味わいのものより、しっかりと漬かって酸味が出たものの方が適しています。日本で売られているキムチにはずいぶんと短い消費期限が設定されていて、いつも不思議に思うのですが、本国では秋にたくさん漬けておき、保存して長く食べ続けるキムチです。消費期限が多少過ぎたものでも、炒めればおいしく食べられます。

炒め終ったら、生クリームを1パック加え、弱火で軽く煮詰めます。これでソースは完成です。これも、先ほどのサンマの缶詰のパスタと同様、味はキムチにお任せなので簡単この上ありません。

パスタを二人分茹で、ソースに投入し、最後にチーズを加えてひと混ぜします。このパスタはソースが濃厚なので、きしめんのようなフィットチーネやリングィーネを使いますが、普通のスパゲッティでも大丈夫です。チーズはパルメジャーノのような粉状のさらっとしたものでもいいですが、とろけるピザ用チーズを少しだけ入れるのが個人的には好みです。ただし入れすぎるとソースが濃くなって、食べる時に麺がほぐれにくくなります。

最後に、彩りとして浅葱を散らします。ネギの青い香りが、濃厚なソースのアクセントになります。

赤いキムチと生クリームを合わせているので、仕上がりは一見トマトクリームソースのような色合いになります。トマトクリームソースのパスタも好きなのですが、この「必要は発明の母パスタ　その二」が誕生して以来、なぜか作るのはこちらばかりになっています。

甘辛醤油味とキムチ味のパスタ。

いささか無理やり編みだした感もあるこの二つのパスタがいまだに頻繁に食卓に登場するのは、簡単に作れるということに加え、アジア人に馴染んだ調味料、食材が、味覚に安心感をもたらしてくれるからかもしれません。

テーブルセッティングへの想い

手元に一冊の本があります。アメリカの出版社が１９８５年に刊行した「The PERFECT SETTING」というテーブルセッティングのフォトブックです。

完璧なセッティング、と題されていますが、この「セッティング」という言葉には、単なるテーブルの上のアレンジや食器類の組み合わせだけでなく、この英語が包含する「雰囲気」や「状況」という意味合いも含まれていると思われます。つまり、完璧なまでに愉快で幸福な食のシチュエーションです。

24センチ×25センチという変形サイズのこの美しい本は、二十数年前、ボストンの書店で見つけました。テキストは英語ですが、朝食、ティータイム、ランチ、ディナーといった多様な時間帯とシーンを想定した個性的で魅力あふれるテーブルセッティングの大きな写真がたっぷりと掲載されているので、写真を眺めるだけで十分に楽しむことができます。

この本を見つけて家に持ち帰った時の高揚感は今でも鮮明に思い出すことができます。当時は明確に認識してはいませんでしたが、食卓を、単純に空腹を満たす食料を並べるだけの場ではなく、食の楽しさを自分が望むスタイルで享受できる空間にしたいと漠然と夢見ていた若い日の自分にとって、この本はインスピレーションの塊であり、幸福な食とはいったいなんなのかを例示してくれる一種の啓蒙書に見えました。ただしそれは、本に掲載されているセッティングをそのまま手本にするという意味ではありません。実際、本の中の具体的な何かをそのまま取り入れたことは一度もなく、繰り返しページをめくっては「そうそう、こういうことだよねぇ」と頷くのみでした。この本が一貫して伝えているのは、食卓を自分なりのアイデアで整えて楽しむことは、食事を単なる栄養の摂取から人生を楽しむ手段へと昇格させることである、というメッセージです。

「もうすぐご飯だから、お箸と茶碗を並べておいて」

子供の頃、夕飯前に母にそう言われて、食器棚から家族四人分の箸と茶碗を取出して並べたものでした。毎日決まって同じもの。畳敷きの茶の間に、座卓と座布団。どこもかしこも昭和の雰囲気の、典型的な日本の食卓でした。

あの夕食前のルーティンは、果たして「テーブルセッティング」だったのだろうかとふと考えます。答えはおそらくノーです。必要なものをただその場に置くだけではテーブルセッティングにはなりません。どんなに小さなものでも、人によっては気付かないようなささやかな工夫でも、何らかの遊び心や美意識がそれには必要だと思うからです。

その後、日本は高度経済成長期に突入し、食卓の風景は徐々に豊かに、そして多様なものになっていきました。夕食時に箸と一緒にナイフとフォークが並ぶことも増えましたが、やはり自分の家に「テーブルセッティング」はありませんでした。

かろうじてテーブルセッティングと言えるのかもしれないと思うのが、正月の食卓です。重箱、正月用の雑煮椀、正月用の箸、めでたい絵柄の取り皿。床の間の掛け軸と生け花も新年を意識したものに替えられました。

しかし正月に突如姿を現すあの「テーブルセッティング」は、残念ながら私の心にあまり響きませんでした。正月を祝うことは日本全体の習慣であって自発的なものではなく、実家の正月の食卓のしつらえは、これなら正月らしいでしょうという類型の域を出ず、個性や、遊びや、美意識の発露はあまり感じられなかったからです。

そしてすっかり豊かになった現代の日本も、残念ながら「テーブルセッティング」については先進国とは言えないようです。もちろん例外もたくさんあることは認めた上ですが、日本でテーブルセッティング、テーブルコーディネートというと、とかく改まった、来客向けの、上流志向のものがいまだにイメージされがちだからです。女性雑誌などで披露される名家の正月や来客をもてなすテーブルの様子は豪華で格式高いですが、微妙に虚飾の気配が漂います。あんな器やグラスがあったらなぁと思うことはあるものの、あの空間に身を置いたらさぞかし愉快で話が弾むだろうとはあまり感じられないのです。自慢のテーブルコーディネートを競うコンテストで見受けられる表現も、たいていは同じです。そこにあるのは、自分たちが他者からどう見えるかということを常に意識する姿勢です。このため、セッティングが完了したその瞬間が一番美しく、実際に人がその場に座って料理を取り分けたり、グラスを動かしたりしたとき、この美しさはいったいどうなるのか、と心配になることもあります。

こうした雰囲気ゆえに、テーブルセッティングという言葉に気後れしたり、高価な食器やシルバーやフラワーアレンジメントなどをイメージし、自分には無縁だと感じる人たちが多いのかもしれないと残念に思います。

テーブルセッティングは、来客や、特別なイベントのときだけに行うものではなく、日常の中で、自分自身がより快適に食を楽しめるようにすることが根本だと考えています。工夫やアイデアを楽しむこと、それを人と分かち合うことで、食を通じて人生を豊かにすることではないでしょうか。要は心持ち次第。他人がどう思おうと、自分が面白いと思えばそれでよいのです。欧米の人たちの多くは、それをさらりとやってのけています。私にインスピレーションを与えてくれた本がアメリカのものだったのも、その意味では自然なことでした。

アメリカに住んでいた時、こんな思い出があります。メンバーになっていたテニスクラブでダブルスのパートナーだった女性が、ある日、内装をリフォームしたばかりの家を見にこないかと誘ってくれました。家を見た後、ランチを一緒にして、午後はそのままテニスクラブに行くという計画です。服装はテニスウェアで、手土産も持たない気軽な訪問でした。

外観はごく普通の、むしろアメリカでは小さい部類の古い木造の一軒家でした。しかし家の中に足を踏み入れるや、外からは想像もつかないすてきな空間が広がっていて、彼女のインテリアコーディネートの才能に驚きました。大型テレビを中心とした、スタイリッシュで居心地のよいリビングルーム。サンルームのようなガラス張りのダイニングコーナーを備えたモダンなキッチン。そして、一転して重厚な雰囲気のフォーマルダイニングルーム。

友人もテニスウェアを着ていて、ランチは彼女の小さな息子と一緒にキッチンでとることになりました。彼女はピザのデリバリーを頼むので、トッピングは何がいいかと聞きました。宅配ピザという飾り気のなさにちょっぴり驚きましたが、多忙な友人に準備の負担がかからないことはとても気が楽でした。

キッチンのテーブルにはすでにランチのセッティングができていて、人数分のカラフルなプラスチックのプレートと、たっぷりとした容量のゴブレットがきちんと並んで置かれていました。プレートの上には、一人に一つずつ、小さなポテトチップスの袋が載せられ、ゴブレットの中にはテニスのラケットとボールの柄のキュートな紙ナプキンが差し込まれていました。

やがてピザが届き、私たちはピザのスライスを自分のトレイに取り分け、ポテトチップスの袋を開け、ゴブレットに注がれたコーラとともに食べました。いかにもアメリカ的な、カジュアルで、気楽で、陽気なランチ。もてなし然とした食器や料理がなくとも、きちんと並んだ可愛いプレートと、テニスがもたらした親交を表現するナプキンだけで、そこには確かに「テーブルセッティング」が存在していました。

招いた相手を歓迎する気持ちは、手間をかけたり、高価なものを並べたりせずとも十分に表すことができるのだということを、私はボストンでの生活を通じて学びました。たとえばテニスクラブでは、トーナメントの後などに小さなパーティーが開かれることがありましたが、紙皿とプラスチックのコップを使い、クラッカーとチーズと果物だけの簡単な集まりでも、風船を飾ったり、簡単なフラワーバスケットを置いたり、カラフルなペーパーナプキンをたっぷり用意することで、楽しげな集いの雰囲気が演出されていました。お金と手間をかけないデコレーションにこそ、むしろセンスが問われます。幼稚園の飾りつけと、大人の集まりでは、違ったテイストにしなければ素敵に見えません。

家族だけ、あるいは夫婦二人でも、食をちょっとだけ楽しくする、快適でくつろぎに満ちたテーブルセッティングはいくらでも可能です。「The PERFECT SETTING」にも、そんなシーンがたくさん盛り込まれています。本のまえがきにも「高価でも、手に入らないものでもない、本当に私的なセッティングが集められています」と書かれています。

たとえばこんな例があります。

「Sunday Breakfast at Home（家での日曜日の朝食）」と題されたセッティングでは、素朴なカントリー風のテーブルの上に、一人分ずつ食事を載せた、アジアンテイストの竹製トレイが二つ置かれています。トレイの上にあるのは、ブルーとパープルの朝顔が描かれた鮮やかな山吹色の陶器のパン皿、揃いのカップ&ソーサー、そして脚付きの大きなグラスです。パン皿にはクロワッサンが一つだけ。コーヒーカップにはコーヒーがたっぷりと注がれ、グラスにはイチゴ、ブドウ、リンゴなどのカラフルなカットフルーツが入っています。パン一つと果物とコーヒーだけの簡素な朝食ですが、チューリップがプリントされた白い布ナプキンが畳んで添えられていることで、せわしない仕事の日の朝とは違う、ゆったりとした休日の空気感が漂っています。

目を引くのは、テーブルの上に、まだコーヒーがたくさん残ったコーヒーメーカーが置かれ、その傍らには分厚いサンデーペーパー（アメリカの日曜日の新聞はとても厚く、読み応えがあります）と、キッチン関係のフォトブックが三冊無造作に置かれていることです。一見雑然としたテーブルですが、そこにはのんびりと朝食を楽しめる休日の喜びがあふれています。このテーブルに座ったら、コーヒーをお代わりしながら気ままに新聞に目を通し、会話も弾みそうだと感じます。食卓に座る人たちのありさまが目に浮かび、人が加わってこそ完結するセッティングです。

印象的な例をもう一つ。

ライトアップされたタワーが見えるニューヨークのアパートメントのリビングルームを舞台とした「Chinese Takeout（中華のテイクアウト）」と題されたセッティングです。四人分のセッティングで、一人用の竹のトレイの上には、青い鯉が描かれた白磁の皿、箸、水色と白の食器拭き用リネンをラフィアで縛ったナプキン、マスタードが一人分ずつ入った、ころりと小さな純白の小皿、そしておそらく中国茶の入った一人用の真っ白なティーポット、白地に青い模様の磁器のコップがセットされています。大きなコーヒーテーブルの四辺に一つずつ配置されたこれらのトレイのセンターには、取手付きの柳材のシンプルな四角いボックスが置かれ、その中に、レストランからテイクアウトした料理が、白いボール紙のテイクアウト用ボックスに入ったまま蓋だけを開けて詰め合わせられています。ヌードル、インゲン、スパイスをまぶした殻付き海老、ぶつ切りにした骨付き鶏。そして「レストランから一つ余分にもらってきた」と説明されている空のテイクアウト用ボックスに、オレンジと黄色のデイジーが無造作に差し込まれています。この花が実に効果的です。

手製の料理は何ひとつなく、値の張りそうな食器類もまったく見当たらないテーブルですが、そのスタイリッシュなありさまに驚きます。ここでもまた、食べたい料理に自由に手を伸ばしつつ、くつろいで談笑する四人のニューヨーカーの姿が目に浮かびます。

料理も、セッティングも、人が主役。

たとえ一人だけの食卓でも、いくつかの料理をわざと大皿に一盛りにし、お気に入りのグラスを傍らに置くだけで「テーブルセッティング」は成立します。仕事に追われ、あるいは読書に夢中になって、書類や本が積まれたワーキングデスクの片隅で軽食をとる時でも、ちょっと雰囲気のある布を一枚敷き、ペーパーウェイトを載せてみたりするだけで、インドア・ピクニックを気取ることができます。そして、どんなに素晴らしいセッティングでも、その場を共に過ごしたい人がいなければ何の意味もないでしょう。

人がいて、自分がいて、生きて食べることが楽しければ、どんな小さな工夫も輝きを発し、食の体感はより充実したものになるでしょう。そして食が愉しい人生には、いっそうの幸福が降りそそぐと信じています。

あとがき

こんなにも大変なことだったとは！

この本の企画を立てたとき、食べることについて書くことは、楽しく心躍る作業だろうと思っていました。好きな食材、手軽なレシピ、もてなしのヒント。そうしたポジティブなことがらを、少しだけ掘り下げて綴っていくことは心地よい記憶をたどることだし、それほど重い思索も不要だろうと考えたからです。

しかし、実際に書き出してみると、その予想は大きく外れました。書き始めるや、どっと心にのしかかるこの重さはどうでしょう。これでよいのかと迷いに迷う試行錯誤の連続。すんなりと書き上げられた文章はほとんどなく、この話題をどう切り取ったら自分が本当に伝えたいことに繋がっていくのかと、悩み、葛藤しながらの作業となりました。心身ともにずしりとのしかかる負荷。当初の覚悟の甘さを呪いました。

今振り返ると、それは二つの理由ゆえでした。

まず一つは、食に向かうことは、自らの来し方とも濃密に向き合うことでもあった、ということです。

自分の中に深く根を下ろす「食」の記憶や想いをたどっていくと、かなりの確率でそれは遠い過去へと繋がっていきました。遥かなる子供時代へ。いまはもう消息も分からなくなった友人へ。折に触れて今の自分を見てほしかったと願う故人へ。決して忘れ果てたわけではないけれど、普段は記憶の底に埋もれて顧みることのないそれらが、食という鉤針にかかって引き寄せられ、眼前に蘇りました。その時代の空気も、食というファインダーを通してリアルに迫ってきました。

あまりの閉塞感に息が詰まり、いったいこの国はどこでどう道を誤ったのかと打ち沈むことが増えゆく今、過去の時間に対峙して、あの当時ならもしかするとまだ他の可能性もあったかもしれないと物思いに沈むこともありました。同時に見え隠れするのは、未熟だけれど人生の時間だけはまだたっぷり手にしていた若かりし頃の自分自身。食のエピソードを書き溜めていく作業は、人生のたな卸しをするのにどこか似ていました。「軽作業」で済むはずはありません。

二つ目の理由は、自身の食について書くことは、いざ始めてみると猛烈に恥ずかしいことだと気づいたことです。これも完全に予想外でした。

食欲は自己保存本能であり、人間の二大本能の一つだと言われています。もう片方は種の保存本能である性欲。この二つ、だてに並び称されているわけではなかったのだと思い知りました。

あの食べ物がたまらなく好き。あの料理を食べることはこんなに幸せ。そんなことをずらずらと書き連ねることは、自分の本性を無防備に公開することです。おまけにその背景までも事細かに開示することは、服や化粧や表情などでごまかしようのない自身自身をこれでもかと晒すことなのだと、文章を書き始めて遅まきながら気づきました。ああなんて恥ずかしいことを自分は始めてしまったかと、赤面しながらパソコンに向かう日々。少々極端な比喩かもしれませんが、頼まれてもいないのに、人前で裸になったような気分でした。

とはいえ、それは書き手の勝手な打ち明け話にすぎません。

読者の方々は、書き手の七転八倒なんぞ一切感じず斟酌せず、わかるわかるとか、ええ信じられないとか、感情の赴くまま、愉快に読んでいただけていたらと思います。一つか二つぐらいは、これ作ってみようかなと思えるレシピが見つかっていたら、なお嬉しいです。

この原稿は、半世紀以上を生きてきた今だからこそ書きたくなったのだし、書けたのだろうと思います。来し方と向き合おうにも、若い時には向き合える人生の時間も短いし、自分の本性を晒そうにも、本性そのものがまだ形成途上です。かといって、あまり待ちすぎると、食べることについて様々な制約が課せられたり、食への欲そのものが大きく減退したりして「現役」感が薄くなるかもしれません。

食べることは生きることであり、どう食べるかはその人を表すことだと、この原稿を書きつつ再確認しました。もちろんそれは、手をかけた立派な食事を毎日とる人が素晴らしく、他のことに没頭するあまり食など深く考えたことがないという人がダメなどという短絡的な意味ではありません

その形はどうあれ、食べることなしに生きられる人はいません。誰しも行う営みだからこそ、多くの人は食に関心を持ち、時に振り回されます。本書をきっかけとして、食への意識がわずかでも深まり、同時に楽しみたい気持ちが高まったなら幸いです。

２０１６年３月　粉雪舞う札幌にて　後藤　裕子

後藤裕子（後藤裕子）略歴

東京生まれ、鎌倉在住

東京大学文学部英語英米文学科卒。情報サービス会社、国際特許事務所、翻訳会社勤務を経てフリーの翻訳者として独立。２００７年に著書を初出版。

著書

『愛の群像』ペ・ヨンジュンからの贈り物」角川グループパブリッシング（２００７年）

『『愛の群像』の歩き方」（上）（下）角川グループパブリッシング（２００８年）

「大人の遊園地」星雲社（２００９年）

「今日もひとり韓国語をつぶやく」BookWay　電子版 Kindle ストア（２０１２年）

「マウイ ノカオイ（マウイが最高）」BookWay　電子版 Kindle ストア（２０１３年）

「アンチガイドブック的ソウル出会い旅」BookWay　電子版 Kindle ストア（２０１４年）

著者ホームページ「ゆこまるＳＴＹＬＥ」

http://yukomaru.1a.coocan.jp/

うちにごはんを食べに来ない？

「食」のエッセイ 21 種、簡単レシピを添えて

発行日　2016 年 4 月 21 日
発行者　BookWay
著者　後藤裕子
イラスト　後藤京一郎
印刷・製本　小野高速印刷
〒670-0933　姫路市平野町 62
TEL.　079(222)5372
FAX.　079(223)3523

電子版　Kindl ストア、楽天 kobo、iBookstore など

©Yuko Goto 2016, Printed in Japan
ISBN978-4-86584-132-9
本書の一部または全部を、著者からの書面による了解を得ず、
いかなる方法においても無断で転載・複写・複製することは
固く禁じられています。